INTRODUCT|

Welcome to your 2025 Big Book of Themed Word Search! This book features 101 themed word search puzzles each containing more than 6000 words.

Keep in mind that the words in the puzzles can be written diagonally and backwards, making the challenge even more exciting.

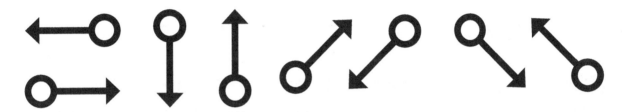

Words can also share letters with each other.

Solutions are provided at the end of the book. The solutions are smaller than the puzzles. If you need full-sized solutions, please scan the code below to access them online.

bit.ly/2025bigthemedwordsearchsolutions

Please share your opinion about this book on Amazon.

Do you like word puzzles?
Try our Biblical Cryptograms Puzzle Book for Adults!

A cryptogram is a puzzle in which each letter in a phrase has been replaced by a different letter. It's up to you to decipher the code and reveal the hidden message.

Visit our author page for the link.

lilasquest.gr8.com

Subscribe to our newsletter to receive a free printable Awesome Cryptograms Puzzle Book!

Scan the code to proceed to the a sign-up page.

PUZZLE #1 - VACATION

```
D L X W A W J G A S L C B K T R B T L E T S O H N X G
C I X N M C N E D R A G F H W Q O Q Y E N R U O J A T
P B V L P I K S K B C F E L C M Q U T G V S R L F R S
B A K E P N R C S N I A T N U O M E R A K A B B Q E U
G O S P T C H W R P T E S N U S N E A G R F R W G S R
B R O S G I L G I E A H Q R M I R T P G A A I T Q O F
H H E W P P H L R Z B L Q H S I N F B U G R N H E R L
S A H T Y O M F U A B E I I F U W D S L T I E J I T I
F B M E R F R E O G A I U N O E A E D O E K V Y R K M
O Z I M R E D T I R S C O C G R V F R O R T U L R R E
P P W L O I A B P A H B S N Z U E I A O U D O I O A N
T G S A T C T T G T N I U C J S S L F R T L S H A M T
W Y R P U R K A N S D O H A T I R D E V L B Z C D D F
M D H T S D I L G Y L F N N U E A L E G U W O E T N E
G E T A W A Y P K E F B A W T L A I X C C N D F R A S
V O R Y H N A T U R E R O L P X E W C H C C Z Z I L T
B U N G A L O W J T U B I A I P Y M U E T A U Y P Y I
B R E A K U G I G A T R A N Q U I L R E F I F C X L V
X I X U R P Y H T W H I G T C U W T S R J Y C E F D A
B Z X I V P L S T A H Y E E S T H G I S V W Y K P M L
U M S J T C E F U V C A I R F A R E O U M T H F E K Z
C M O I A R C B Y O C A T M A I Z M N Z I S G H I T M
P A D V E N T U R E V A V C E L E B R A T E J F E K S
```

ADVENTURE	DISCOUNT	JOURNEY	RESORT	SUNSET
AIRFARE	DIVE	LANDMARK	RESTAURANT	SURF
BBQ	EXCURSION	LEISURE	RETREAT	SWIM
BONFIRE	EXPLORE	LOUNGE	ROADTRIP	THEATER
BREAK	FESTIVAL	LUGGAGE	SABBATICAL	TICKETS
BUNGALOW	GARDEN	MOUNTAINS	SAFARI	TOURISM
CAFE	GETAWAY	NATURE	SHOPPING	TRANQUIL
CELEBRATE	HAMMOCK	PALM	SIGHTSEE	TRAVEL
CHEERS	HERITAGE	PARTY	SKI	TRIP
CONCERT	HIKE	PASSPORT	SOUVENIR	VACATION
CUISINE	HOSTEL	PICNIC	SPA	WAVES
CULTURE	HOTEL	RELAXING	STARGAZE	WILDLIFE

PUZZLE #2 - CRAFTS

```
B C V R U Q A P H B D K S O J F K K W A K P P M B B C
A Y R O L O C S I D R M X H C T A P P I X R X A I A X
F N E A P T E U L G A C Y D A E R H T L I U Q S N T G
W M T R F M W U N O E R R L W P K C O W M X T K D I K
Z E T A W T Z I F W N E X O D N E T N O A D D S I K L
X D I F E I A T N G D A O M P K M I I W K O R V N C X
I B L X G N I P S E R T P A X M A T P N O X A B G F R
B B G D P K I Y O E C E R A C H R S N W D E C O R Q F
V Z E W P A Q N P E T C Q O S C F R A C S P H G F V J
G E Y J T S I A F A S G M U T T Z Q U K S L X I T X H
N B E A D S P N S S T A M P B X E L M A L S Q H W G X
H M H M H T A T T Z V J D T L F E L T O U Z T R X W
I X C M Y A L C R Z E Q X L G S A N V M O W T S N Y L
Y P J X E S O D E I U T P D L B S I U U M Z Z E L I V
J E A V V S B Y G V M V C I Y I G O A G G T M X T O E
Y V R W A E D S E W H H H A N A R F T A N X O H E C
B A X I E L L O C C S S U N R D I B R C E T L O P I X
C G L A W A R D N M E Z C T N F G P I D U C H T R R M
Z T B R C L Z E E L W B F A I G F Q N C O C K D I G M
N A U S D O D Y E E N I W Y P N U J G Q F K X X N X B
A P Z L H M R R W O N L A C E P R B E R E M F Y T F J
N E O M V V O D C P N N W O L D E N G E M W R A P O M
F F M C Q T E X X J H E R Z A J K B G L W R Y D A Z E
```

BATIK	CUT	KIT	PATCH	STITCH
BEADS	DECOR	KNIT	PIN	TAPE
BIND	DRAW	LACE	PRINT	TASSEL
BINDING	DYE	LOOM	QUILT	THREAD
CARD	FELT	MASK	SCARF	TRIM
CARVE	FOAM	MESH	SCRAP	TWINE
CAST	FOLD	MIX	SEW	WAX
CLAY	FRAME	MOLD	SEWN	WEAVE
COLOR	FRINGE	NEEDLE	SHAPE	WIRE
CORD	GLITTER	PAINT	SKETCH	WOOD
CRAFT	GLUE	PAPER	SPIN	WRAP
CREATE	HOOK	PASTE	STAMP	YARN

PUZZLE #3 - FRUITS

```
S R Y E S G S W U M E L O N O I S S A P Y J Y L Z P V
G T G L M U E N I Q A V O C A D O P L U M T T O W Y Y G
I M B D N U R I U A C E R O L A M N O S M A D N C W V
A E O E N I G I B R E A D F R U I T E L P P A G Z Q Q
C B X R K X N V N Z N H P H W W O J T C B L Y A V Z A
U K F B J C T L O A O L C S P M M M O Z T A K N S C X
R R I E E H C Y L E M A F N A N N U Y B I A N U D F X
R I G R X O F S O L E V M T F L L Q A T U K R A E P X
A F E R O D O Y A P L U O I N O A B H A R O L I N L J
N N D Y L U W R I P J E Q I R Q V K C P F C R M N A U
T O C I R P A W Y A O A U O W A T A N G E R I N E E J
M J M S E W I R T E O D C N N B C X J O P G G A O B U
G E O B F K R I X N L B I K I A O L B R A U O T H L B
Z P D L T E B P C I W Q E L F Z C L E R R A S U W U E
S A R L B W A Q Y P I Q B K L R T K I C G V K B U E C
K R T P A B L A C K B E R R Y A U U E V H A B M S B A
M G S Y R R E B N A R C E V W W I I V E E E M A X E R
B A D U R I A N V R P O O R A N G E T M X L R R C R A
R E O O E J I Q Y F O C M U L B E R R Y M O O R B R M
L S R T F Q P R I G M O E I C P L N N X A Q Z W Y Y B
J B A R O S D W S H E N F W K B C O M R N U A L P F O
H D Q M Y F T M J I L U R B B M J U W N G A N S P J L
P A P A Y A Y H M M O T I U R F R A T S O T W D G N A
```

ACEROLA	CHAYOTE	GUAVA	MIRACLE	QUINCE
ACKEE	CHERRY	JACKFRUIT	MULBERRY	RAMBUTAN
APPLE	COCONUT	JUJUBE	NECTARINE	RASPBERRY
APRICOT	CRANBERRY	KIWI	OLIVE	SALAK
AVOCADO	CURRANT	LEMON	ORANGE	SAPODILLA
BANANA	DAMSON	LIME	PAPAYA	SOURSOP
BERRY	DATE	LONGAN	PASSION	STARFRUIT
BILBERRY	DURIAN	LOQUAT	PEACH	SURINAM
BLACKBERRY	ELDERBERRY	LYCHEE	PEAR	TANGERINE
BLUEBERRY	FIG	MANGO	PINEAPPLE	TOMATO
BREADFRUIT	GRAPE	MEDLAR	PLUM	UVALHA
CARAMBOLA	GRAPEFRUIT	MELON	POMELO	YUNNAN

PUZZLE #4 - PUZZLES

```
E H T A P C C R V R T H I D D E N U S N C X M K N Z H
A C E V R O G W U H J T K F O U O K D Y Q R D I G I D
D T Z R E D R O G H U B U G Y W N S R T L H Y T P N W
Q A J R U E B I T I M M J S M I U F M N P L X P I M Y
N M D R A G L A E T B R A F L D E L Z Z U P O F T R E
P G N Y M H O N S O L M T R O L R L Z A M O A G D I N
P A F W G B B L T R E N E K B E U U D V A S V Q I K C
T D T I I H M H F I J H U M N C G C G D C S K F T S M
L R H T N C Y D C Y T P A M B M I F I A I O Z E O T M
O Z I J E H S G Q I W R E D B R F W J P Q R R I Q D O
G U G V L R Q M L K C Z G I E E A T R A H C T Y K T R
I H D C I T N S Y S A F N E M C R I J V E E Q U I Z U
C U Q V K A I Y B M H M A A K F O B N S A G R O D M K
A H S S O L V E D W S Q R R Q Q A D R S F O U E L N A
N R R R T Z V O D M Z G R I U K X N E O T F X E I X K
N T R T R A Q I T Q A I A M E B M T C T E Z T H S F W
K A R S A W R T U N U R T O S B P T O O N T T R A S O
X V G Q C G I A A N S A G E T E S E Q U E N C E N T R
H C R A E S X N I Y F K P O C O T A E R Q N T K S Z D
C A G U R S L G C E F A Q N N A L C B T R K E P W L S
G I B T M E U L C H C A O U O O N U R I K A B E E X N
Z E N P X O R E V S P C B P O R N M Y S T E R Y R S X
P I E C E U M U E S G N F J D Y S U Y N I K K I Q H C
```

AKARI	DECODE	KAKURO	ORDER	SLITHERLINK
ANAGRAM	ENIGMA	KUROTTO	PATH	SOLVE
ANSWER	ESCAPE	LETTER	PATTERN	SUDOKU
ARRANGE	FIGURE	LOGIC	PIECE	SYLLOGISM
BRAIN	FIND	MASYU	PUZZLE	SYMBOL
CHART	GRID	MATCH	QUEST	TANGLE
CIPHER	GUESS	MAZE	QUIZ	TEASE
CLUE	HERUGOLF	MYSTERY	RIDDLE	TEST
CODE	HIDDEN	NAGARERU	SCRAMBLE	THINK
CONCEPT	HIGHLIGHT	NONOGRAM	SEARCH	TRACE
CROSS	HITORI	NUMBER	SECRET	TRIVIA
CRYPTIC	JUMBLE	NURIKABE	SEQUENCE	WORDS

PUZZLE #5 - CIRCUS

```
T I G H T R O P E F E Q T D F V E K C I R T Y R F C V
E X Y S U W A O Z Q F S U R R Q D W Q L C J E S I L C
C C H L P X O O A X A B E O T C A C C W A Y R H R J Z
H A H U T E V H T E K G I W H R R J H J L P T O E W K
E N L A F O C N F U I N A S G O A I B F G U P W S Q R
E D X Q X A A T T T M U X I I H P P G N X W A I F U A
R Y C J L A C M A N N B L K L O C R E T S A M G N I R
M A G I C N C E O C Q C L F O D C C Y Z U K I S R G B
Q Z Y C E R U O P B L Q T E K C I T Q Z E J G T O G A
S J F R E L L C C A M E Q E R S L I O N R J R U C E L
G L O W A L Y T L U I N C K U J R L K M X E F N P I A
T C J T A L X R C O A N E M J V N E X L G N E T O R N
M Y O B R I D E S V W L T J E S T E R A H O A K P Z C
A I T T D K W M A T T N C I R C U S T W X Y T W P O E
M S M N T S G R Z S T A T L D I C S F U N H O U S E W
U T G E P O A O E I F T L I A J N T W J P T L T Z Z C
S I X T N C N F I L N A G E X U M B F B F N U R I N G
E L G G F R E R R A G K J R N U G W V N O M E S J C P
F T J Z M O I E H I F G E L R T P H O G E O W V G U I
W Z F J A P U P D R G N U D O S C R N F J P D T U K O K
S U X X P E E X Z E N B Q J Z J N C Y M B A L H I L P
A Z W Z I L I H T A B O R C A A M Y U H V C V W M M L
H V B O E Y B Q B M A S N H C F K F P J P H V C F C G
```

ACROBAT	CLAPPING	FLYER	MUSIC	STILT
ACT	CLOWN	FUNHOUSE	PARADE	STUNT
AMUSE	COSTUME	GLOW	PERFORMER	SWORD
BALANCE	COTTON	HOOP	POPCORN	TALENT
BALLOON	CREW	JESTER	RIDE	TENT
BANNER	CYMBAL	AERIALIST	RING	TICKET
BOOTH	DRUM	JUGGLER	RINGMASTER	TIGER
CANDY	ELEPHANT	LAUGH	ROPE	TIGHTROPE
CANNON	FACEPAINT	LIGHT	SHOW	TRAPEZE
CARAVAN	FEAST	LION	SKILL	TRICK
CHEER	FEAT	MAGIC	SPECTACLE	TUMBLER
CIRCUS	FIRE	MIME	STAGE	WHIP

PUZZLE #6 – TRANSPORT

```
P B Y J S Z P R D E F C Z B T L M M F T E M E N P P R
W A W A N L E A N H O K C L O R N F O D R K E G S B O
P R K T C T V I D E P O M A Z A I Q I T I A S K L U A
M G Z J O H S U R D K M D P R K T L X B O K I Q Q G D
C E H O K U T H A V L K W R S R G Q A F A R Y L A G S
L O C C O Z Y J O R T E M J Y A I I T Y D R B R E Y T
N S U M A T X W B E K K N C R M E A A X R H C I W R E
N Y I P E B I I F P J Y H A R Z M K G M O L A N K H R
A L K K E L A E R L Y D P T O L F W S E N K I A O E Y
W T C E M H Q Y U P L B Z B L B T I K S E A F V Y H R
J O C S Z J M R S B E U T H C A O C A R R V E D G T R
R T U A C A R T N P C S P R L C E M T T A R E N D R E
M E V M N L O K K L Y P U I L A K D E T C F I O F O F
X A V B N O W B K A B I D E C R H E O R V D T G U L V
S L E I G H E R M N S H S E Y K K Q A A O V N A C L L
E O B I C Y C L E E W S N N Y I U F Y M H Y A W G E S
R D L A U N C H R G E A I C B R T P Y W V Z M P P Y D
C N C G L I D E R V L A F O R Q A R P A T U G B O A T
X O Y M H V I R V P K W G R J U D L U Y A W B U S L A
F G D W Z R A C T E E R T S S A I S A I S A I L B O A T I B
L T K C F O V E V I A T R U C K A S L I G H T R A I L
J F Y M J G J A O C P Y F A Q I O E E R I C K S H A W
K W V Q F Y D G K O G T E H V O V L L G C T T P Y D K
```

BARGE
BICYCLE
BIKE
BOAT
BUGGY
BUS
CAB
CANOE
CAR
CARGOBIKE
CARRIAGE
CART

COACH
COUPE
CRUISE
CRUISER
DINGHY
DRONE
FERRY
GLIDER
GONDOLA
HOVERCRAFT
JET PLANE
KAYAK

LAUNCH
LIGHT RAIL
LIMOUSINE
LORRY
METRO
MOPED
MOTORBIKE
PADDLE
PARAGLIDE
PICKUP
PLANE
RAFT

RICKSHAW
ROADSTER
ROCKET
SAILBOAT
SCOOTER
SEGWAY
SHIP
SKATE
SKIFF
SLEIGH
STREETCAR
SUBWAY

SURFBOARD
TAXI
TRAILER
TRAIN
TRAMWAY
TROLLEY
TRUCK
TUGBOAT
VAN
VESSEL
WAGON
YACHT

PUZZLE #7 - BIRDS

```
C J E J R N K V R Q B P V N Z G G Q Y N O L N X A M F
I R U S E G I R N P U Q E C E L E C E Y I W O R C A I
Q S K R P R R I D O N E V A R N H R K A K I L R H G N
N U W Q R O N R E T T I B E A G L E R J D V A C A P C
A I A H L U O G R V I R K D U F N O U K K N I W Q I H
C N G B V S R E U T N L W S U J C X T P E T R E L E K
I F I H G E Z Y T A G G A C I H K T N D V K E D U R A
L L F I T J Z J L T H L H A C S N I A K C A E C O A Y
E A G O M J A W U B B L X T I A U X V O G M H T I Z E
P M B L J C A O V A H V A Z S G K W C C U Q S V X I V
Y I U Y A F D R T E P H J A N D A D S W R H N C C M L
Y N S N B V N R E T T J E E P R O U K I T E G Q U U F
Y G A T W M O A N U R H P K B O Q E A Z C X U L C O C
E O M W A S U P N P P E P L W R L H R K D A L R K X Z
H O E O S R W S A V A N E M I O A D A F I N L I O C R
P T S B O W L R G F R R F S I S W A L L O W I P O R Y
U A J U H R T I O F R I R R W C K T D O V E B B G N Y
F K M J T R H W N E O P O O H I G I F A L C O N O O K
F C T O I F L E M G G Q O K K T B F T Z M M Z O E Q R O
I O O D M M H I N T H R U S H J V T C O I U G A A E Y
N C G B U S T A R D T Z Y J Q I M H R F P I B L G H O
I E U U S S T M W P U R D A L R Q E V N P M Q C B D W
R C I W G X G B U M H T P B H M X J D S M I B Q A A T
```

ALBATROSS	FALCON	LARK	PETREL	STORK
BITTERN	FINCH	MAGPIE	PHEASANT	SWALLOW
BUNTING	FLAMINGO	MOORHEN	PIGEON	SWAN
BUSTARD	GANNET	NIGHTJAR	PUFFIN	SWIFT
COCKATOO	GROUSE	NUTHATCH	QUAIL	TERN
COOT	GULL	ORIOLE	RAIL	THRUSH
CRANE	HAWK	OWL	RAVEN	TIT
CROW	HERON	PARROT	ROBIN	TURKEY
CUCKOO	HOOPOE	PARTRIDGE	SISKIN	VULTURE
DOVE	JACANA	PEAFOWL	SKUA	WARBLER
EAGLE	JAY	PELICAN	SPARROW	WOODCOCK
EGRET	KITE	PENGUIN	STARLING	WREN

PUZZLE #8 - LANGUAGES

```
Q U Q J Q N H C E Z C U L K P I H S W N L K E Q B R M
S T L G X S N I Y U K U Z Y X P M S W C U N U O O V U
G A L I C I A N N R R T X R O O H I F R E A Q C D L G
W G P K K P X A A D B A H G N L N K D V M I S X Y W R
A T L S V P V I U T I G O Y Y I W I O U A S A U G C I
S L F K N J N N D M M A S Z Q S S L H R L S B E A L P
N P B M W I Z E N A I L A T I H S U S V A U O B A H E
E B A A A Y U M I W O O S P P T J U I H Y R W G K C D
P O G N N I L R T V S G P E M S R G D R Z D N G L U M
A S E E I I U A A C R O A T I A N U E E I E F A T O N
L N O M W S A K L E A R A B I C G L W S B S T C Y A U
I I R K Z F H N E X R W J A P A N E S E C J H H E K P
U A G R U Z A K F I N N I S H E S T O N I A N R A V P
B N I U N L C U A G E R M A N J L A I I D K O C E I O
X X A T A N A K Z Z P E R S I A N M P H N K A W F D I
S B N H K O T X K B A L A T V I A N B C A S W R U C C
W E N F T D A D L V E K K O S Q H D W R L W E R B E H
Y I R H O R L A V Q T K Z C H S I L G N E N L U J Y Y
S A S B U X A N W M O A R S I P Y K H N C M S H A I J
T A M R I A N I U Z X A M K F T J P H H I L H G J V D
P C B I H A Z S G T C R R I S W A H I L I S P K L H R
N G F I R Y N H E A X U W R L S E B H N D Y R D X G B
M M L G R H E L U M T R C B G Y R X Z B E L Q G C R U
```

ALBANIAN	ENGLISH	IRISH	PASHTO	TAGALOG
ARABIC	ESTONIAN	ITALIAN	PERSIAN	TAMIL
ARMENIAN	FINNISH	JAPANESE	POLISH	TELUGU
BASQUE	FRENCH	KAZAKH	RUSSIAN	THAI
BENGALI	GALICIAN	KHMER	SCOTS	TURKISH
BOSNIAN	GEORGIAN	KOREAN	SERBIAN	TURKMEN
CATALAN	GERMAN	KURDISH	SINHALA	UKRAINIAN
CHINESE	GREEK	KYRGYZ	SLOVAK	URDU
CROATIAN	HAUSA	LATIN	SLOVENE	UZBEK
CZECH	HEBREW	LATVIAN	SPANISH	WELSH
DANISH	HINDI	MALAY	SWAHILI	XHOSA
DUTCH	ICELANDIC	NEPALI	SWEDISH	ZULU

PUZZLE #9 - OCEAN

```
X F Z C L V M K Z Z W S U H I W L B Q P T N E R R U C
T K Q A P N W A R P A D L S S A R D I N E U G T B V V
O R R J I N A U T I C A L I U D E C I T E P N U M J Z
G O E L R E E F B S E A Y F P S P W U U E E M A L C M
C X R N S A N D E J N P A Y O E B A Y Q Y X X E F C
T A U F C C R A B D B B A L T F I R D Q A S V Q R W T
M Z P H Z H G A R U I Q J L C I L L I R K M R I E H Q
O W I X F R T B O C X T D E O V F S G M S P T T K E B
N C C A A O A Y F P U E N J S F H L Y R Z R S W C L G
N U M S E B T S R R B I F S H O E L R S P A X L A F T
O Y S T E R W S C A H D T I A E V I G C O W O E M I G
O Y O G I A H H E P P A I L R H S G K C D B Y B O S T
G L P D B H I S L J R A E S K P R E M U S S E L G H T
A N E M O N E O L F C K M A Z K L U A T N A F V G I E
L N B G I E D J I S R O A I W P C A E L C A N R A B N
T P Y N G R S S O O F O N L I H X R N H N T A R D W I
V U V N I D H A N R T E T F V E A A B K A K T H B T G
Z Q O Y L W H S D B W U A I B X A L M B T S X J G X G
S P H X J I T J R R N E D S B W T N E B M O K J Y A A
S Z C U Z D Y D E O Z C B H A D N O C H P R N M Q P W
S T N F D N L V A L G A E P N Z I W F S C J F V F D O
B C A A S F I Y Z E U S L K K C B G X U P D J P B S G
H V Z Y K D W H M B V Q S M Y O L K S G W M V Q B C H
```

ABYSS	CURRENT	KELP	PRAWN	SNORKEL
ALGAE	DIVER	KRILL	RAY	SPONGE
ANCHOVY	DOLPHIN	LAGOON	REEF	SQUID
ANEMONE	DRIFT	LOBSTER	SAILFISH	STARFISH
BARNACLE	EEL	MACKEREL	SAND	STRAIT
BAY	FISH	MANTA	SARDINE	TIDE
BEACH	FLIPPER	MARLIN	SEABED	TRENCH
BUOY	GILLS	MUSSEL	SEAGRASS	TRIDENT
CLAM	GULF	NAUTICAL	SEAL	TUNA
COAST	HARBOR	OCTOPUS	SHARK	URCHIN
CORAL	ISLAND	OYSTER	SHOAL	WAVE
CRAB	JELLYFISH	PLANKTON	SHRIMP	WHALE

PUZZLE #10 - PAINTING

```
W A T E R C O L O R O G N I W A R D M U W B S J X J F
H M E Y T M I Q H O P O O G J I B K U K E K U K A N Q
J O Y Q I V Y I V D I M I G A Z N M S I L O B M Y S O
O M E F I L L I T S P S E U L R H E H V C J Q J D L V
R O M A N T I C A I M J S P M X L Z U P N S E J R Q M
C C P A D E M R L S Y T E A L D J E M O O E C V V U R
U L Q I G U I A T E M E R C W A S H R C U R T V I M E
S M A L V P E L Q E N X P S H A D E H Y O F T D W T M
Y T M S S R E M U O Q E X D P X X Y M M I N E R T M X
T N U N S S Q Q T F F W E N M A L U V O J M T E A K O
J A I D A I I D A D A T I A A S R H G T M X L O U I G
C B B E I N C E R J A W S L F A T C I I A A E R U X T
V A G L H O G A E I I T X Y L V G Y G F P Q T W V R A
C O N C E A X D L H E D I K I Z E T L C O N T R A S T
D C E V M A K G E R S H A D O W N P H E E M O T I O N
S T T I A Z U X P C C W W U Y L R I O E B A R O Q U E
G C E J A S L I U C K R G H A A E R J F M Q G M I H E
O A E S A I E B T N E M E V O M N T W D C E V X U R U
T R C N O C I G T X A B I A C I O G R A D I E N T S O
H T J N E S T I P P L E C W T N B D Y D S S C S F P E
I S X K M B R U S H W O R K S I S D E I V M K R B H D
C B I M P R E S S I O N T H I M O A O R T E X T U R E
O A S U R R E A L I S M D I E O S N Y T N C W Y K J D
```

ABSTRACT	EASEL	INSPIRATION	PALETTE	SURREALISM
BAROQUE	EMOTION	LANDSCAPE	PORTRAIT	SYMBOLISM
BRUSHWORK	EXPRESSION	MASTERPIECE	REALISM	TABLEAU
CANVAS	FRESCO	MEDIUM	ROMANTIC	TECHNIQUE
CLASSICAL	GALLERY	MINIMAL	SCENE	TEXTURE
CONTOUR	GENRE	MODERN	SHADE	THEME
CONTRAST	GOTHIC	MOTIF	SHADOW	TONE
CREATION	GRADIENT	MOVEMENT	STILL LIFE	TRIPTYCH
CUBISM	HUE	MURAL	STIPPLE	VIEW
DADA	ICON	MUSE	STUDIO	VISION
DETAIL	IMAGE	MUSEUM	STYLE	WASH
DRAWING	IMPRESSION	OIL	SUBJECT	WATERCOLOR

PUZZLE #11 - SCHOOL

```
L F T J M T E M D B E A W G C F C U N I F O R M O Y L
E N J T W C R A B C A Y E K N H K V F Y T Y V V T O L
S K L Y N I R O T U T C A D I B C H A I R Z I U O G E
S Y L E O T V T R T U X C L O E R A S E R C S H K I B
O J I H R E L U R Y S F D O Z E C D I H J U C O C D K
N C C O E H O M E W O R K Q V L O O H C S S X D S E E
S X P L T S G N O T E B O O K U C P C N H E Z E A S S
T E B Z U D E R O N L T E H X D A F S G R Y Q B M K B
R A D F P S P M A J A D E C E E Z S I Z G K Y O W D B
D M N Y M E T H E D B O Q A T H E H O Z W M O L N A A
D N U N O B Z U V S U B P W M C D A N C E R X G Y M N
V W O Y C O I T D H T A M B E S T U D Y S T Y S R Q D
M A R K E R I O E E T E T R G N H M Q S C R K E G Y B
Q Q G N Q O E D L W N L R I M E T P A M O K D C R V A
O G Y P D I J R A O I T W S O V O L E T G L F A O E C
T E A C H E R A J B G G P G K N C G S N O A N J T S K
Q I L G G I F M R J I Y K L X O B I R F C O O E A Z P
H N P N Q N X A T D M N A E L Y H O H A I I X B L N A
O V K D H L R R F A X H D G F A S B A T P T L B U L C
J E E G A Y O I X V C C C E Z R H P C R B H Z D C V K
Z O R R S P T E R C W N B R R C C I T O D K Y W L A T
C E M Q S C U R R I C U L U M I D G O G D I K M A P I
P R I N C I P A L B I L M O K Z K K Q U M E O D C W Z
```

ART	CHOIR	EXAM	LIBRARY	SCHEDULE
BACKPACK	CLASSROOM	FOLDER	LUNCH	SCHOOL
BAND	CLUB	GEOGRAPHY	MAP	SCIENCE
BELL	COED	GLOBE	MARKER	SEMESTER
BINDER	COMPUTER	GRADUATION	MATH	SPORT
BIOLOGY	CRAYON	GYM	NOTEBOOK	STUDENT
BOARD	CURRICULUM	HALL	PENCIL	STUDY
BOOK	DANCE	HIGHSCHOOL	PLAYGROUND	TEACHER
CALCULATOR	DESK	HISTORY	PRINCIPAL	TEAM
CHAIR	DICTIONARY	HOMEWORK	RECESS	TEXTBOOK
CHALK	DRAMA	LAB	REPORT	TUTOR
CHILDREN	ERASER	LESSON	RULER	UNIFORM

PUZZLE #12 – SPORTS

```
S Y H A N D B A L L U B J N W Y G G F M A R A T H O N
K B B O X I N G N P A B P L A N N R S W I M M I N G O
A G U N G N I L T S E R W X I I U G Y M N A S T I C S
T U B L L A B T E K S A B K H S B M R B L E I R F U B
E R R O L O P B G O D O L S D E A E E T M Q N B X S O
B F U C W R A N Y K S A I N M G D D H S U N K W L B
O E N L F L I X M C W F I X G J M N C L G R E C C O S
A N N I L O I D V K H W U J U O I V R O Z J T C W A L
R C I M Y C G N I W O R J D T Y N N A M G N O R T S E
D I N B Y N B G G N I T O O H S T T R I A T H L O N D
B N G I M E N G H N G D R G L Y O H L H S U R F I N G
J G S N V I N K O G H S K C O A N O U S Q U A S H H F
M U H G K I D L V A P T P A N L C F G Y J T Z I Z E V
K E C A C R H C E O V C O N O F F R E K O O N S Q G O
O S Y A P T N I R P S S N O L O B T O M T T Y U L S L
R A R D A K N T O S I G G E H X P Y T S N K E W L K L
K C I T W A E A Q S N N T I T U E Y O M S S A Z A A E
N G N I L R U C K I I I V N A K N R G V T E G Q B T Y
G E B K O A P Q L L C I T G C Q P T C R I C K E T I B
P N M A I T S C I P E K R O E W S W I R O D E O F N A
A A X A C E Y A R N O S H F D X C A Y N N R D G O G L
W X I P J C S K I T E S U R F N N Y C I G B L S S G L
T A E K W O N D O D I V I N G S N O W B O A R D X F D
```

ARCHERY	CURLING	JUDO	ROWING	SPRINT
BADMINTON	CYCLING	KARATE	RUGBY	SQUASH
BASEBALL	DECATHLON	KAYAKING	RUNNING	STRONGMAN
BASKETBALL	DIVING	KITESURF	SAILING	SURFING
BMX	EQUESTRIAN	LACROSSE	SHOOTING	SWIMMING
BOBSLED	FENCING	LUGE	SKATEBOARD	TAEKWONDO
BOWLING	FISHING	MARATHON	SKATING	TENNIS
BOXING	GOLF	MOTORSPORT	SKIING	TRIATHLON
BULLRIDING	GYMNASTICS	PENTATHLON	SNOOKER	VOLLEYBALL
CANOEING	HANDBALL	POLO	SNOWBOARD	WALKING
CLIMBING	HOCKEY	RACING	SOCCER	WINDSURF
CRICKET	HUNTING	RODEO	SOFTBALL	WRESTLING

PUZZLE #13 - LAKES

```
G K M A H D M S P G N T T E L D E T P D R E T M M S C
A L K A G O Y K G I A R O A W E F A M Z J T D A H C H
R O P V L Q T W Y R K E C B N E N U W B I G R O T A
D H B E S A U G R A U B O M A A I G J N E Z B A H Q M
A Z P N D R W X R O R L J X D G N A Y O P R Z C R N P
N H M E L N I I N S U A L B B E A N Y Q V M U A I N L
A T L G J S B E A P E I P U S N T Y M B R F B I D I A
K G G F X A M I X D B D X A J O R I C L W V E B C P I
R F M U G I R M K U J T R N H F O K B E P X R O P I N
U G E W S E O W S K H K P K V F N A Y E N Y G W M G K
T A I A B P R I E A Y G G M I Z L H L S Q N B I W O N
O J R I P E W L R N N Z J A C A C I T I T U A N E N C
S T T Y T H N A Y A K Y N G T H S A R E Z B I N E V O
G L N A H O Y C E J T G Y O O N U I L S I V K I M F Z
E T R A T A I S E V A N N D R E N R E C U L A P O K E
N C P M F N X A Z Z W N O A I S X C O P D R L E K L A
G Y L G O X E B B O Q L J L A S F T H N F U F G B E H
E B A Y W A B A A J Z K M X T A H O E U F K G I V O E
M P N S U Q L H F Q Y Y Y A W R R G R I Q B W I W Y H Z
I U P Z A Q F T K S W Y S Q O W G D R L X A Y T B S L
B K Q Y A L Y A S P R E S P A A E J E D I V O Y G Y I
B O L S E N A I M Z E H E X S N Z D O N G T I N G C T
T U H B O G O R I A I X P Q K N R B X R Z A B T Q W B
```

ALBERT	COMO	ISSYK	NYASA	TAI
ANNECY	CRATER	KARIBA	OHRID	TANA
ATHABASCA	DONGTING	KYOGA	ONEGA	TANGANYIKA
BAIKAL	DUKAN	LADOGA	ONTARIO	TIBERIAS
BALATON	ERIE	LUCERNE	ORTA	TITICACA
BALQASH	EYRE	MALAWI	PEIPUS	TOBA
BLED	FEWA	MARACAIBO	POYANG	TONLE
BOGORIA	FIANGA	MWERU	PRESPA	TRASIMENO
BOLSENA	GARDA	NAKURU	RUKWA	TURKANA
BUNYONI	GENEVA	NATRON	SAREZ	VICTORIA
CHAD	HURON	NESS	SEVAN	WINNIPEG
CHAMPLAIN	INLE	NIPIGON	TAHOE	ZUG

PUZZLE #14 - ENERGY

```
D Y N A M O Z K I M K U J L E S P B N S E H C R P G M
J E N N E J R V U N P L E I C F R H H Z C G E A Q X N
O V S U L A M R E H T U R X R H U Y O E R J N D N P V
U N I A P Z A J A A F O E M O C E E V T S M T I K V U
L F S S G V E X Y O L C D A F S C M L T O N R A Z L G
E B Y H U U T M I A N O F G J O W U I W U N I T T A W
S O L A R F S B C A Z Z P N B U Q H Y C X G F I N O A
D N O S B P R O T A R E N E G N C C L B A F U O O C M
C I R C U I T S H U Q O M T S D N I W P G L G N O A P
C B D N P J I K I N E T I C T E D Q P Y O G E V H B E
O I Y X P S M E V R V S T L U E F F I C I E N C Y L R
N O H X E O N T O C T B O Q C O O L A N T W L D P E E
D M D R I I T T H Y U V E N C P K F N X M J T J L Q D
U A N Y B N C E R R T R N J G U I B I L Y Y V C A O I
C S Y R N U D E N N F E L A S T I C R S C M I G H H N
T S U I D B T U V T Z V I J E N G I N E S R K M T Y S
I T R N C T P P C C I M E G A W A T T M T I B U N D U
O P O K A V I O H T C A G N F E I V G C T P O I E R L
N C T B B E Q W E H I P L Y U Z Y W E B H H E N E O A
N U C L E A R E A X E O W X S N N L Y L E X Y A J L T
W F A E Y P O R T N E D N E I G E E X D R L C R T Z O
R I E F J J G M F A F W S F O Y K S Z F M X X U I S R
S T R K U E R E A C T A N T N V T G R A P H I T E Q X
```

AMPERE	CONDUCTION	FREQUENCY	KINETIC	RESISTANCE
BATTERY	CONDUCTOR	FUEL	MAGNET	SOLAR
BIOFUEL	COOLANT	FUSION	MEGAWATT	SOUND
BIOMASS	DYNAMO	GAS	NUCLEAR	SPARK
BURNUP	EFFICIENCY	GENERATOR	NUCLIDE	STEAM
CABLE	ELASTIC	GRAPHITE	PEAT	THERM
CALORIE	ELECTRIC	HEAT	PHOTON	THERMAL
CENTRIFUGE	ENGINE	HYDRO	POTENTIAL	TURBINE
CHARGE	ENTHALPY	HYDROLYSIS	POWER	URANIUM
CHEMICAL	ENTROPY	INDUCTION	RADIATION	VOLT
CIRCUIT	FISSION	INSULATOR	REACTANT	WATT
COAL	FORCE	JOULE	REACTOR	WIND

PUZZLE #15 - NATURE

```
B X B B Z Y E K G S C T N M Q M M F J V H D P Y A U B
S T T E P I Q L S T O L E Z E A O L B K G E A R T H U
W O N S R W L L T R A C O D S R U O Y S Z L K T H C S
E A I I S I L I O E A N I U C S N W H W C I A T L K H
E L A L H G T L N A E C O B D H T E R C P F I C T E K
P R R S N Q F B E M S J Z M B L A R T Q V T Q R I S I
P O P I Y U J H E H O H F Z P I U Z P V K R D S E D
E S R S R E V I R W G M C W R A N M O S S U G P T A R
T P M A W S V U T U K Y T A P D K S Z V C B R Y O V J
S H W O I C B O G W U L B N R N K A M I N O O M R C V
F A E L X C T D R E S T U A R Y K C O R R G T E M T R
E F N F H N E Q E G P E G O T F Z D A A S I T A V A Q
X E I L A S T A R S Z O C V H Z P E U N Z E O D I A Z
F G W L Y G S N P E E S N B U D W I G N Y R E O N A C
G V P H C P L I E Z S R F D N M S J O A E O G W E W W
A A X B C U L R N A F Y T K D R U Z G V L V N S K A R
E E H I Q U B A R L P Y U T E U N I W A L K I S Q T B
J O S A V N P G K B D E B T R N A T L S A F N P O E W
M W B R B A I B X E C B A F E T H F K U V O T X A R D
H Z F U N I C K U X I S F K E X K N R Z A B H M U F S
L K Y T O D T Z W H O J U N G L E L P M R G G D X A X
G A U J Z A K A U W D P X Z Q N H T K P J W I Q Y L L
K R T I Y V K W T C D F T Y C K Y J T H V H L K O L U
```

BLAZE	FEN	LIGHTNING	RAIN	STONE
BOG	FLOWER	MARSH	RIVER	STORM
BREEZE	GLACIER	MEADOW	ROCK	STREAM
BUSH	GRASS	MOON	SAVANNA	SUN
CANYON	GROTTO	MOSS	SEA	SWAMP
CAVE	GROVE	MOUNTAIN	SHRUB	TAIGA
CLIFF	HABITAT	OASIS	SKY	THUNDER
CLOUD	HILL	OCEAN	SNOW	TREE
DESERT	ICE	PEAK	SOIL	TUNDRA
DUNE	JUNGLE	PLANT	SPRING	VALLEY
EARTH	LAKE	POND	STAR	VINE
ESTUARY	LEAF	PRAIRIE	STEPPE	WATERFALL

PUZZLE #16 - HUNTING

```
G S C K F X H C G E B U S C T T F N D D T R K T I A B
Z A U A E L F E S O J A Q H Q J G D B N P F N R L V S
J S M S L J E A M D C F I G O U I D C O Q C W A L E W
O Z O E K L H T E B O W M A N T I B M A V M E P A L P
O O A X R C M F C X W Y T P A D G M N H M V R P B P B
G D T A H Y I W M H Z V G K I O A U T S R P M E H P O
T B C H D N S I L I D V S R R E E D N U A A F R G A F
R J M T K C U B Z N C D A K W F S U C R E B Z F I R I
A C K H O G F J I M N M C S A O U E M B B T O C H G E
I S K K R M N L W A R O J Z S S R I S L E R P T X Q L
L C M M C H B I T O Y H D O H N U R U C E A A E W Y D
I W O S O J P S D O S H V Z E A V G A S C C L L T L W
Z I O B O A R U T D N T M P D R H Z T Q M K E L W Z E
Q P S B O W Y E R A E G A O M E A L Q M A W V U Z O E
A Q E U C R V H R E O B R L R U L H U N T E R B I P F
D N N J J A W I B B E Q C F K K H U C I U J S Z O M Z
N E T W U F F D Q U A R R Y C I V I A Q H D M C W D F
Z Q C L C L P E Q Y U Q J N U P R J B M O C S G X I U
Z J Z O E N O O V N G T O L D I Q J G O B B V L G E S
B R I E Y R J U S C E N T U O C S E W N Z U T F J K E
B E W Z D N S T U D R B C R C A M O B X G L S H F Q A
S P S I A V D K I O M N E E X L H C F V I T K H P K P
G C M X C R O P J R P I V V P R E Y E Z C L P E N Y D
```

AIRWASHED	BRUSH	ELK	HIGHBALL	SABOT
AMBUSH	BUCK	FIELD	HOG	SCENT
AMMO	BULLET	FLETCH	HUNTER	SCOPE
ANTLERS	CALL	FOREST	KNIFE	SCOUT
ARROW	CAMO	FOWL	LURE	SHOTGUN
BAIT	CAMP	FOX	MOOSE	SNARE
BEAR	CHASE	GAME	PELT	STALK
BEDDING	COYOTE	GEAR	PREY	STAND
BLIND	DECOY	GOOSE	QUARRY	TRACK
BOAR	DEER	GRAPPLE	RAMROD	TRAIL
BOWMAN	DOE	GUN	RECURVE	TRAPPER
BOWYER	DUCK	HIDEOUT	RIFLE	WOODS

PUZZLE #17 - EMOTIONS

```
N H A T C U N D Q B A C B D E T S U G S I D X Y V S G
M E A F F H K U M S U O I R U C O P B R D A S O I H U
K O R P A N X I O U S N Z Q A X T S L T E Q E M V O I
Y K U V P X T R P V D T A K Q V G E T M I L Q Z J C L
S H Y R O Y P M U R G E W K Q L E T O R F J I C E K T
Q K E I N U D K T E M N L U F E P O H A S G V E K E Y
Q C X S Y F S E N N Y T U B T S D W K C I M K T V D U
V J K S N Q U M P E L Y L N A E D E T A T I R R I E Y
S A W U T F V L O R D O A S R R S U O L A E J U D T D
P A S S I O N A T E E L N O N D E M A H S A Y N E I E
G R A T E F U L A S I S B E T P K S I F U H S N S C T
T R O U B L E D Y B F Q S Z L Q Q W I P R D D A U X A
C W C Z P Y H S U O I V N E Z Y V Y E M P E X M H E L
D U O R P Y C J E F R H X R D E X A L E R I A U T Z E
E A N P H X W K Z E R L Y G E T C D G A I R N S N U L
L D F F E C A L M A E O J W D E D J S G S R G E E U D
I M U S O N T E O R T V R N F E U S M I E O R D F E E
G I S F B R S A U F J I F U R I O U S T D W Y E S H L
H R E Q S T L I T U O N L M C Y T L F A D T T A B O T
T I D A U Z V O V L Y G O F X V S G J T F A E E F U R
E N Y R D L N T R E F I N S P I R E D E H L E K K X A
D G P T A T J N T N U E C S T A T I C D P D G R S G T
G L P J V D E T A I L I M U H R E S E N T F U L A N S
```

ADMIRING
AGITATED
AMUSED
ANGRY
ANXIOUS
ASHAMED
BORED
BRAVE
CALM
CONFUSED
CONTENT
CURIOUS

DELIGHTED
DEPRESSED
DISGUSTED
ECSTATIC
ELATED
ENTHUSED
ENVIOUS
EXCITED
FEARFUL
FORLORN
FURIOUS
GRATEFUL

GRUMPY
GUILTY
HAPPY
HATEFUL
HOPEFUL
HUMILIATED
INSPIRED
IRRITATED
JEALOUS
JOYFUL
JUBILANT
LONELY

LOVING
MISERABLE
MOURNFUL
NERVOUS
PASSIONATE
PEACEFUL
PENSIVE
PLEASED
PROUD
RELAXED
RELIEVED
RESENTFUL

SAD
SATISFIED
SERENE
SHOCKED
SHY
STARTLED
SURPRISED
TENDER
TERRIFIED
TROUBLED
UPSET
WORRIED

PUZZLE #18 – ANCIENT GREECE

```
A E F H T H E E A S N O H C R A C G T A A E S I S R Z
T N N N X D A R I C P Z A R A R I J O S C O K E B O I
E X I N V N L P M E T V S E D A H O D B H B T O I X
L B G K E S O L N G A A B F D Y Y S T S S E I I L F E
P S X C E P L Q P R S M V N K H S I L Y H Y S L L Y O
F D Y M O X L U H H S U S Y N O I D N T P D A P L N J
A M R R J F O G E E I X H R N O T I H C F T J O R E S
N E C F T P P R K W M C Y K O C O C I T H E C H J N S
H A H H J I A C O M E D Y E S T R C I E S O D Q H G U
K E T D G M E C A H T T W Z A A K E N I R O R A C L E
M K P I L N E R I S R R L F J Z M S T I G R P A X R S
P E Q I T A O H X E A O X P X B U P N E M T O W N K E
H W D A C G W R M Q W Y M N X E Z T H Y A W T O D B H
I A U U A N E M S I C A R T S O H P K O T S A T Y R T
L R P U S T D Y O Y N A K S H T B I V N R H R W S P R
O R O H E A K U Z E O O Y P Y K D S O A A A O P J A A
S L E M E R I R T T I D T M O X L D W I P A O L Z D G
O D E H T R G X S H O S M A N L I F P M S L O D O H E
P D Z E W P O Q O G N L A A U E I M L B C D P L N S D
H M B V F I W Z G N S H L Y S R Y S H Y N N G R Y E Y
Y R E W B B G E R M W A F O U L L R C D V R D H T R F
K J G F G T G U A W H X P N O I T A M I H H C T H T E
P E R S E U S S V P H E R C U L E S P A R T H E N O N
```

ACHILLES	COMEDY	HERMES	ODYSSEUS	SIREN
ACROPOLIS	CORINTH	HERO	OLYMPIA	SPARTA
AGORA	CRETE	HIMATION	ORACLE	STOA
AMPHORA	CYCLOPS	HOPLITE	OSTRACISM	TEMPLE
APOLLO	DELPHI	HYDRA	PARTHENON	THEBES
ARCHONS	DEMETER	JASON	PERSEUS	THESEUS
ARES	DIONYSUS	KNOSSOS	PHALANX	THOLOS
ARGOS	EPIC	LYRE	PHILOSOPHY	TITAN
ARTEMIS	GODS	MEDUSA	POLIS	TRAGEDY
ATHENS	HADES	MINOTAUR	POSEIDON	TRIREME
CENTAUR	HERA	MYCENAE	PYTHIA	TROY
CHITON	HERCULES	MYTH	SATYR	ZEUS

PUZZLE #19 - VILLAINS

```
A I B B E T A R I P P L D E D G P D S W H X P D Y N T
B S I S E M E N I N A L M E T Q I A W B W U N G J E H
A N S E S R L Y A T F A G X S A Y J I S H E R Y Y F R
N Q R A U O I X U G N A E Q B P E S N G I U S N A A E
D B E T S S V R A I Z F M O C V O F D F D I N K Z R A
I Y R N T S B W A W F D L Y Z I S T L G X A Y F H I T
T O Z R S E I C U N N I N G U C V R E M R A H C K O N
T V L L E R D N U O C S R R B I D V R Y E R U Z H U A
R W D K N P W Y I A R E E A J O Y N T F A J U V T S R
E I F J O P R J L A D X T X T U V T S I R O R R E T Y
S S F L H O D S A U L E U R C S M R U E T O B A S A T
S I N I S T E R A U U L A K B U O P O B E T R A Y N B
Z P V A I W S R X M B I I U A O N L M G A J X P A R B
I E U N D D A O B W T T M V R I S O A I U F D N N J E
N Z J A A M J D R O I S P O B V T T F R M E G Z H V V
H E N C H M A N R C B O R I A E E T N I C I V M I O R
U S U R P E R M C Q E H S V R D R E I I L H K T A U W
L I A R G G Z D A O D R M W I J O R T A Z T C C T T I
M E R C I L E S S L R K E A C I O S M M I I O H M L C
M A N I P U L A T E I R U R N T I E C E D L L H O A K
M E N A C E W F U U A C U V S D W W H N I E R N Z W E
C O N Q U E R O R T C D E P A E L C I V S U A D L I D
T Q Q A U I L U F E T I P S T E E V E S Y H W S S K U
```

ASSASSIN
BANDIT
BARBARIC
BETRAY
BRUTAL
CHARMER
CONQUEROR
CORRUPT
CRUEL
CUNNING
DECEIT
DESPOT

DEVIOUS
DIABOLICAL
DISHONEST
EVIL
FIEND
GRUDGE
HENCHMAN
HOSTILE
INFAMOUS
INFAMY
LIAR
MALICE

MALIGNANT
MANIAC
MANIPULATE
MARAUDER
MENACE
MERCILESS
MONSTER
NEFARIOUS
NEMESIS
OPPRESSOR
OUTLAW
PIRATE

PLOTTER
ROGUE
RUTHLESS
SABOTEUR
SADISTIC
SCOUNDREL
SINISTER
SORCERER
SPITEFUL
SWINDLER
TERRORIST
THIEF

THREAT
TORTURER
TRAITOR
TYRANNY
TYRANT
USURPER
VICIOUS
VILE
VILLAIN
VINDICTIVE
WARLOCK
WICKED

PUZZLE #20 - BOARD AND CARD GAMES

```
D E A L F M X Q V B M D T V A V J N T A E F E D H R M
T W T F S I A V P M P K I D B G G A F I W I X V A O G
B X U A Z X J T L O U C Z V M I H L Q E M T O C N L R
Q L R O U T E L E W T X N O A G L P E U N E O O D L W
B T R A D E P V V O E O V P S I P S X I I S R V I X G
V M T D N X J S R U L E M C U F S M O Y W I N Q O U D
V R C W S A E Y E Z C A B V I Z K P U U C Z M Q S T S
B O G A C Q W T J C C J E T T G G V Y E S C S E N A O
Q U I K S T A M C S S L Y V I D J Z R U X H W S L W E
A N E C I H Y N U C P W U A E L B F R B O Z U B C D L
Y D N E B N B O I R A N E C S R E U O D K B N F K B Y
E A D H G W G I P A B I K C J W J Z Q N V F O A F E E
R C G C R A M T D U W U I N A C T F A R D P E N S L L
R X A R B P E C A Q W T X O H W X B P U S R G P U F E
A Z M R R B A U X L C H E I F D Z L G T B F N U W S D
N M E A H O M A O A O E P T I N I F A E G Z U I P K S
K V T C E D L S T Z I S E C N A H C I Q L O D P M C R
P M R E X P A E D M F C E A V L K T Y E U T K J S P J
C A P T U R E I F Q K M R P J M W S G X G E T H L Q J
V Z R Q Q G V W K H X W O O S J H T E G H A M E A H C X
S T R A T E G Y H C D K C F I W N H U P J A O N B Y T
C J U Z F R M X D J Z D S B B J W N X T J G N C L Q C
K J P U D Z G U K D X R J O K E R H W F U F A B G E V
```

ACE	CHANCE	HEX	QUEEN	SHUFFLE
ACTION	CHECK	JACK	RACE	STACK
AUCTION	CHIPS	JOKER	RANK	STRATEGY
BANK	DEAL	KING	REVEAL	SUIT
BATTLE	DECK	LAND	ROLE	TACTICS
BET	DEFEAT	LOSE	ROLL	TIEBREAK
BID	DICE	MATE	ROUND	TILE
BLUFF	DRAFT	MELD	ROUTE	TIMER
BONUS	DUNGEON	MOVE	RULE	TRADE
CAMPAIGN	ENDGAME	PAWN	SCENARIO	TURN
CAPTURE	GOAL	PLAN	SCORE	VICTORY
CASH	HAND	POINT	SET	WIN

PUZZLE #21 - US CITIES

```
H Q R O D I D N O C S E S G Z G J M H B E L K E W L V
A H U S D W X U H Q N M O Z I T A G L N S C W J G G I
Y P O E Z I I X R E Q T T Q D L I R I F O Y L J M X A
W C Z L N B S C L H N F P O B E B V L B O L X J X G P
A A C E A A G I H U A D P A L Y R E B A D S A M X O R
R B O M M T B P Y I M M N A E I E U R K N O C F M P G
D H P A R A H N A R T Y R L U K L O E T A D O O F U J
P O R D O K A E D T H A E V N P D A F T L R N Q G U X
F O O I N O T Y A D E E F I Z E T B U D R A N X O B B
M F V S A U T Q L S R R J I L Q B C G J O U F E N O B
A M O O X K O F L G L W S O D E S W W M J S J I S C E
C O E N B T F A A U S I T O I O D A J F M T N T E F U
O O U M L G I R S T A M P A N P E C Q J X I O R R A G
N M D A P R M O B I L E I Y U H T O F X T N E K F B E
E H I E O H R K G J H G T O W M R Q X V R R K H W A N
A R R E S E I Y P S M A O F D M O S R I P R L G A D E
T T P L V S R S G L A R E D O M I N K E A G A F C N X
S C L N Y A A N L O C N I L L Z T T X W N B W T O O A
U W E A C G I Y O N K E R S A U E E E V R T R B R T T
G D Q P N L L N Y E Y O B Q N I D N A L K A O K O S L
U Z C E L T T A E S M P M T L T H B G Q O M N N N U L
A G F I Y D A U P C R W Y O S H R E V E P O R T A O Z
S G B T E K T E M P E J J J I K R I X D H P I X H R H K
```

ABILENE	DAYTON	HOUSTON	NORMAN	RALEIGH
ALBANY	DENVER	IRVINE	NORWALK	RENTON
ANAHEIM	DETROIT	JOLIET	OAKLAND	RIALTO
ATLANTA	DURHAM	KENT	ODESSA	SEATTLE
AUGUSTA	ESCONDIDO	LAREDO	OLATHE	SHREVEPORT
AUSTIN	EUGENE	LINCOLN	ORLANDO	TAMPA
BILLINGS	FRESNO	LUBBOCK	OXNARD	TEMPE
BOSTON	GARLAND	MACON	PATERSON	TOLEDO
BUFFALO	GILBERT	MADISON	PEORIA	TUCSON
CARY	GREELEY	MEMPHIS	PHOENIX	WACO
CORONA	HAYWARD	MOBILE	POMONA	WICHITA
DALLAS	HIALEAH	NEWARK	PROVO	YONKERS

PUZZLE #22 - ATMOSPHERE

```
H C O Z T X T E W G Z E Z A L G Q E E D A X H F L I C
E Y V E Y G U O D A D J E C E V T S I M E U J R G S H
M C E P P D W D R U R R K N K A S M U U R C P O X O I
I L R H H B O E T N E M O O M O U I A R O O Z N V T N
S O C Y O Y L I A H A L F I B H G O I O S W P T P H O
S N A R O H G O P T C D L R H R S C P T O S W A Z E O
I E S U N N G S Q Y H C O E O U A R R V L N H N V R K
O D T C O O O R C A C E O T P N Q A J E L A G W Y M L
N U M L M X E I C C O D R E E O T S E P M E T T V L F
R G R S E N T I C O V M D M Z U L T E D U T I T A L U
V K O U Z N D A C N R A B O S I T L R X U U R U E L N
O I T R A R L Y W V U L N R X U B C U R F T Q K T X N
M L S R A I V O A E O E V A D E W L S T D S I K H L E
S O D I L A L Z S C P S R B B M W E S L I C G T P T L
U S N C B F Z I S T N V K U M M K A E Q C O K M L S N
P O I S R I L D N I W L R I H W S R R H T C N Q G A I
E X W I O A L A D O O L Z S F T A P P V U I M I S C M
R I A D E O A I F N D L I Y V A L D R I Z Z L E U E B
C Y O R G R N D T F O G B A N K B C U M U L U S J R U
E F O D O J L A S Y S W G V R P E H E A T W A V E O S
L B S R A B S O R P T I O N X P D W T Y D W J D N F R
L I U H B Z I N K L C K K R K X O M Q Z M W K T T F Y
M A E R T S T E J L Y E Q D G Z B Q S C S Q T O T K F
```

ABSORPTION	CLEAR	FRONT	LATITUDE	STRATUS
ACID RAIN	CLIMATE	FUNNEL	LONGITUDE	SUPERCELL
AEROSOL	CONVECTION	GALE	MIST	TEMPEST
AIRFLOW	CUMULUS	GLAZE	MONSOON	TORNADO
ALBEDO	CYCLONE	GUST	NIMBUS	TYPHOON
ALTITUDE	DEW	HAIL	OVERCAST	VAPOR
ANTICYCLONE	DOWNPOUR	HEATWAVE	OZONE	VISIBILITY
AURORA	DRIZZLE	HUMID	POLLUTION	WARMFRONT
BAROMETER	EMISSION	HURRICANE	PRESSURE	WEATHER
BOREALIS	EXOSPHERE	ISOBAR	SLEET	WHIRLWIND
CHINOOK	FOGBANK	ISOTHERM	SMOG	WINDSTORM
CIRRUS	FORECAST	JETSTREAM	SQUALL	ZEPHYR

PUZZLE #23 - UNDERWATER CREATURES

```
Y R B Y Q H S I F G O D S Q U I R R E L F I S H U W C
R R N R E L G N A Y A R O M S I L V E R S I D E C O Y A
S I T U T Q F D N O M L A S T L J W S L H G P N P I L
F Q L S U T A U N D B O N I T O F T H U O N N P P Z A
B J P W B S A C E R D P I P E F I S H V W I U A R Q N
B A H S I F T A L F X A I J T G K E S S M G L O A Y T
M A S Q L K J R B L D R B Z M W C H I Z I I A T C P E
Y O G S A C R R S E A H O R S E U S F G T F A J A W R
N E N B H E R A G O A T F I S H T I E P C R W R L Q N
N I I K P B Z B H U V P K T V O T F P W P O R O P A F
E S P U F A H S I F T A C S J Z L D I O R O D A C L I
Z C O O G I I M W O E R K X L Y E R N F T U V C V A S
Q R Z S L F S B H B K L H C I P F O S F R R G Q J M H
G R U D E L I H F O E G L N Y I I W I N J G O U M P X
S G X U C J O L Y S G D G Q V K S S F B X K S U R R Y
T H L B L S A C M W F F K A W E H S I F W A J M T E W
U B S L O H W A K S I L I G O K C O D D A H F T V Y H
R T O O W P D W N S N U O S U M P U F F E R F I S H
G Y L B N E O P H V E A B U H C E W A L L E Y E P X T
E Q E F F H S I F E D A P S N O P N R G N I R R E H U
O M V I I U Q L K A C J X P X D Z X H I O W R A S S E
N N F S S R A Z O R F I S H E W E D V U S B V K A I G
Z N Y H H S I F R E G G I R T R Q R F E N H Y T C W J
```

ANGLER	COD	GUPPY	PARROTFISH	SNIPEFISH
BARRACUDA	COWFISH	HADDOCK	PERCH	SOLE
BASS	CUTTLEFISH	HALFBEAK	PIKE	SPADEFISH
BETTA	DAMSEL	HALIBUT	PIPEFISH	SQUIRRELFISH
BLENNY	DOGFISH	HERRING	POLLOCK	STURGEON
BLOBFISH	FLATFISH	HOGFISH	PUFFERFISH	SWORDFISH
BLUEFISH	FLOUNDER	JAWFISH	RAZORFISH	TARPON
BONITO	FLYINGFISH	LAMPREY	SALMON	TILAPIA
CARP	GAR	LANTERNFISH	SANDDAB	TRIGGERFISH
CATFISH	GOATFISH	MINNOW	SEAHORSE	TROUT
CHUB	GOBY	MONKFISH	SILVERSIDE	WALLEYE
CLOWNFISH	GROUPER	MORAY	SNAPPER	WRASSE

PUZZLE #24 – ANCIENT ROME

```
G L A D I A T O R A W E R G N O Z Q T T N E O B T O V
E N U B I R T T I L N E M W A S V C A C N D O E J Q E
S R E M U S E N Q A T E E G N U Z W R U H S G U U R S
Q C U D F L A K I I T S R S K A L U T D G A N I O B T
U K A R M P L N P I W K C A P E U P U E M O R T C R A
I R Z E S X N U A H M Q U A W W E V U U Z I A I K O I
L Z E I L A J L M C Y D R K P N D U Y Q N T D G O P M
I R H P T I L A O O O T Y U H C Z C J A C C C T K T P
N W O I U I A L K G H U D X K G A C L I K G A Y M V E
E B R M V B O N A I C I R T A P I X D V H T R F R C R
I B A S U S L W A R S L B I I N I B I O S A T B L O I
G B C C S L S I E U A W N T U O W M U R O F H V I N U
C C S E C V U X C A I A O T U S I T A O E S A V A S M
S U U V E H V S N K M L F M F N U V P O O K G V Q U M
E M Z N W P U J I R I Z P E A O K F J S S F E N Y L Z
J O U N D M C S E N I T A L A P S A T U R N F A T J K
D S Q A W U Y G E C R P O B N M L I T K T L E G I O N
B A C I L I S A B O E T L A H C A N A I D W O I J M S
F I Q E H R D E T W S R C U A T A R N N O E H T N A P
A C G B W T P E F H L L E E T A N E S S T O G A L L Q
L F S E D Q A C D Q U V S S I O K I Y U P O M P E I I
Q Q X L J R Z J L V F A F H W V R E V L O C P V L Y W
E U O P P P E M P E R O R O E M J N J A M I N E R V A
```

AQUEDUCT	COLOSSEUM	IMPERIUM	PANTHEON	SATURN
ARENA	CONSUL	INSULA	PARTHIA	SENATE
AVENTINE	DACIA	JUNO	PATRICIAN	STOLA
BACCHUS	DIANA	JUPITER	PLEBEIAN	TOGA
BASILICA	DICTATOR	LEGION	PLUTO	TRIBUNE
BRITANNIA	EMPEROR	MARS	POMPEII	TRIUMPH
CAELIAN	ESQUILINE	MERCURY	PRAETOR	TUNIC
CAESAR	FORUM	MINERVA	QUIRINAL	VENUS
CAPITOLINE	GAUL	MOSAIC	REMUS	VESTA
CARTHAGE	GERMANIA	NEPTUNE	REPUBLIC	VILLA
CERES	GLADIATOR	OSTIA	ROME	VIMINAL
CHARIOT	HISPANIA	PALATINE	ROMULUS	VULCAN

PUZZLE #25 - SPACE

```
Z Z G S E X B P S Z P P D S E X D R E D S H I F T Y S
A D U C I H I I M F F B U V C A I N F R A R E D Z B H
Z Y A R J B L Z S D B N I Y P H L P U L S A R O Y K U
A P V S W A L F D K I R F H E V R U C T H G I L M T T
S G A A R V A U T V D B C Q T T E F B R E T S U R H T
Q E X T A E G P E N B N I X F D V W Z E T I X A B W L
F L S O E K W R O S U I Q G N C O M M A N D J J W Y E
P U W P N N S I A A H R R G B R R K J G R E D N A L Y
A D Z S N E A H L V E I F C M A C Y U A C K L U S U Q
B O E N Q I D L C K I O F H K O N L E T I L L E T A S
U M U U C A V Q P O R T O T L D A G O K Z G K C R T A
R E T S O O B I R C S L Y R I R E R E P I U K L O E S
B J G L W E Z F E C E M I P I X Y A S C E N T I N L T
U H Y A W Y K L I M A A O T K M D E S C E N T P A E E
X A W T S V E F R G L P Y N M E T E O R U R Y S U S R
P O D G H S W L P E A I S S A V P R O A A T T E T C O
G S G N T J K Y N R E L G U T U B W F L K S N Q C O I
N G Q I N D N B S N O N A H L I T X L J P Y C Q O P D
J E A K J J R Y P D A B T X T E R E T T A M U B M E L
B L A C K H O L E R G O E R Y Y T L F Y Y A O O E V U
Q Q J O D A R K M A T T E R Y S E M E C S K N B T G N
I J Q D E X O P L A N E T K H E P A M A V T D J P M A
O K Y R I U P C O U N T D O W N I Y R T E M E L E T R
```

AIRLOCK	COMMAND	GRAVITY	MODULE	SHUTTLE
ASCENT	COSMONAUT	INFRARED	NEBULA	SINGULARITY
ASTEROID	COUNTDOWN	IONDRIVE	ORBIT	SPACE
ASTRONAUT	DARKMATTER	KUIPER	PAYLOAD	STELLAR
AUSTRALIS	DESCENT	LANDER	PLANET	SUNSPOT
BIG BANG	DOCKING	LAUNCHPAD	PROBE	TELEMETRY
BLACKHOLE	ECLIPSE	LIGHTCURVE	PULSAR	TELESCOPE
BLUESHIFT	EVA	LIGHTYEAR	QUASAR	THRUSTER
BOOSTER	EXOPLANET	LUNAR	REDSHIFT	TRAJECTORY
CAPSULE	FLYBY	MATTER	REENTRY	UNIVERSE
CELESTIAL	G-FORCE	METEOR	ROVER	VACUUM
COMET	GALAXY	MILKYWAY	SATELLITE	WORMHOLE

PUZZLE #26 - GARDENING

```
W A T E R B F D M V H T N B N T V G C J C U E B G F S
Z C W G N I L D E E S X L L I J R R R I Y T O N P A E
V V G G Y O P E S T I C I D E E W I D P A X I W E E E
B E D N G K G S G H T F W Z K V N I M G V K N Y R R D
X X H I L N P O U P E R E P A G C N I M A Z G B G A S
F S R D N A I H G V O R E W R A S R I T I P X S O T H
G A G E D X K H N R M T B L Y P R Q S A Z N R T L I E
M W Z E Y P P V C T A T B P L I H J A C L R G U A O A
O X J W R D V S Q L S F A O T I T H G I L N U S N N R
S K J E R M E T S C U T T A C P S E Q O K L D I V E S
S T V A L V I J Z H H M L I R P W U R C B R V E M L N
O H Y R O D F N G W F M D Q N B H O A R A U M U Y G I
L O N L A U N N A V V E M A E G O E T H A Y L J P Y O
B R G F R I I Y X T B C R J B T V R C Y H C I B N T O
P N L L L T R B G U E O H T B X O R E T H P E C V E M
O S Z P T E S P S F M M A Y I W O T N T H A R V E S T
L M M U S B A S K E T P W R E L U D E P U C U S G G C
L H C R O R G A N I C O Z L B O I R R A C M T I H B O
I T U C C V X R Q O M S T P R O U Z K O L D R C J P I
N N G Q Z Z O L E O V T U P I N R D E V U B U K E X B
A T R A N S P L A N T Y S M A Q K P H R W G N L Y J W
T M V U Z Y J R W R C O E M Q X G C X I L R H E R K M
E K E W Z Y Q I C B F P S S A U J T D F N V M T U W S
```

ACIDIC	DROUGHT	MULCH	POLLINATE	STEM
AERATION	FERTILIZER	MULCHING	POT	SUNLIGHT
ANNUAL	GERMINATE	NECTAR	PRUNE	TERRACE
ARBOR	GLOVES	NURSERY	RAKE	THORNS
ARBORETUM	GRAFTING	NURTURE	ROOT	THYME
BASKET	HARVEST	ORCHARD	SEED	TRANSPLANT
BED	HERB	ORGANIC	SEEDLING	TRELLIS
BIENNIAL	HOE	PATHWAY	SHEARS	TRIMMING
BLOSSOM	HOSE	PERGOLA	SICKLE	TROWEL
BULB	IRRIGATE	PESTICIDE	SPADE	WATER
COMPOST	MANURE	PETAL	SPROUT	WEEDING
CUTTING	MARIGOLD	PLOT	STAKING	YARD

PUZZLE #27 - NORSE CULTURE

```
W N W Y X E G D D T B X V Q D I S K S X S A S N U Y R S
C O N Q U E S T U A Y L Y A F S K A A M I E H F L A K
B P X S I M G C M V D R O B L G E R G Y U T C X T R A
S L J X T I M I J A R M T T T H G L A M G T G N H C L
L K W Y Q E E Y H L A M A V A H A E X N L H O R V D
W V A P X H J D X K G P C M Y X H L I W H E L W A F I
I V L D N L L U E Y S Q F E H W H L U T M T R L D A
C I X U I F P F F R A K K A R D T N X A W E U K L R R
I I T Y Z I E R J I Y P B J F M L Y P M S N V C A B I
S O E J P N I D O E S R O N C H D V J J E T T G E O N
J J N W R G J I R L B L D D W E S Q F Y I J N H J U L
E R O I G G F W D I M U S P E L H E I M D A X G O J O
N H R H B F R D F C Q P K N Z Q C V Q K R D N B S R J
R Z N F N A M R T P J E X H S T B B A O E I E F S Y M
J U S N N Y O O A I U E E L D B Y E K N K N U T O C L
F S D S Y S T J T H H L E D A P O R B I A T N G R L H
J W A L T H I N G S M I D G A R D S V O H H U I A X E
D C E D A S L A M G P W M E L R C E W A N Z E D N X A
K Q M N A B K L Z N J E N Q F D M R R X D D M I C G R
J D E W P D A E I O G Z A Y M S C K G T O I I M M C T
F H B S X F F R R L J M G R H Y Z E Z C E L O K I I H
U C A P B Y W S Y R S J A R L N S R X H D S H I E L D
C H I E F T A I N T Y B S B H Q C K M X Q F Q U Z A Y
```

ALFHEIM	FENRIR	KENNING	RAGNAROK	SKERRY
ALTHING	FJORD	LOKI	RAID	SLEIPNIR
ASGARD	FREYA	LONGSHIP	RANSACK	SPEAR
AXE	FRIGG	MEAD	RUNE	THANE
BALDUR	FUTHARK	MIDGARD	SAGA	THING
BERSERKER	HAVAMAL	MJOLNIR	SEIDR	THOR
BIFROST	HEARTH	MUSPELHEIM	SETTLEMENT	THRALL
BLOT	HEIMDALL	NIFLHEIM	SHIELD	TYR
BONDI	HELM	NJORD	SIF	VALHALLA
CHIEFTAIN	JARL	NORNS	SKADI	VALKYRIE
CONQUEST	JOTUNHEIM	NORSE	SKALD	VANAHEIM
DRAKKAR	KARL	ODIN	SKEG	VIKING

PUZZLE #28 – MEDIEVAL EUROPE

```
N B L C X A B L R S I B V O A R C Y O B P P B A S Z Q
N I N F H C T I W N Q M G R E K A B N S O Y X I G M U
C W E E Z I C C O T N U O C A T A P U L T K E Z V L V
E G K I M I V X N O C M I U J R O Y C F C G K N O M L
O U D F Z A C A R T R V L R T T C O N V E N T Z T A K
D L A R E H N A L A D U E F E R N B Y C I X C T S Y C
N R T E U B B O U R I L G B O S K A A G E S L S K A D
I G A S G T R Z R N Y K U S T I G R H Z Z D A S S B R
F N N Y A D H V O E S P S A T D P T A C L V G T D A A
H G N R L T T B I R T B B I O E G A M I R G L I P T W
M L E D P N I C H Y O L J R N T M Z U L R E W O T T B
P A R H A R M R E W E R B T C A I G I E C O M C Y L R
S H R S G V S U S O R C E R Y N L Z R R M A Y V Q E I
H C A K A Q K S S H T R A H X I L I O F J A R A C M D
U E R N E Q C A V A N P C D T M E T T O B F S D L E G
P T L O U T A D N A S T A G M U R A P X D D R O G N E
C Y Y I L K L E S J W S T L A L W P I M S F E Z N T F
N N L O M L B I D Z P M H A L L K E R C O B B L E R K
Q L X T Y R T V K T B R E B C I F S C M I N S T R E L
U J T P I R C S U N A M D B H F E T S N S X Y M E B H
N T H K A P S D U T Y Z R O E J W R B I S H O P O A T
T R E B U C H E T O K V A T M R X Y R T N E G V X A U
C O U N C I L L Y O J S L E Y G J Z K C Q K C C S P T
```

ABBOT	CATAPULT	FIEF	MARKET	SCRIPTORIUM
ALCHEMY	CATHEDRAL	FLAG	MASON	SCROLL
ARMOR	CHIVALRY	GENTRY	MERCHANT	SERF
ARTISAN	COBBLER	GUILD	MILLER	SIEGE
BAKER	CONSTABLE	HERALD	MINSTREL	SORCERY
BARON	CONVENT	ILLUMINATED	MOAT	SQUIRE
BATTLEMENT	COUNCIL	JOUST	MONK	TANNER
BISHOP	CROSSBOW	KEEP	PEASANT	TAPESTRY
BLACKSMITH	CRUSADE	KNIGHT	PILGRIMAGE	TOWER
BREWER	DRAWBRIDGE	LORD	PLAGUE	TREBUCHET
CARPENTER	DUKE	MANOR	RELIC	VASSAL
CASTLE	FEUDAL	MANUSCRIPT	ROYAL	WITCH

PUZZLE #29 - PROFESSIONS

```
D K R O T C A I R P L T S I N A T O B L U T R M W T T
S R E E N I G N E E S G D X P Q K E Z C Q E H C S N O
I E I H Z B E W N I Y A U N V E D D S C T I O I E H F
N L D V R H C I G P S W S A Y G V M B R S S C G G O P
G C L B E K I O I G X I A K R F B I O T U I A H D L Y
E H O B T R L L S M P T Y L T D T P O R S N P Q U P J
R U S O N O O R E C N A D R S S E R G Y P K I M J C M
N A I C I T P O D A R A E G I R I E H K R V B T V Y A
L S M B A I U Q T E V T M C T A O P H Y V E T X B G R
I C A H P D A N K H I G A S N N A I C I R T C E L E K
B I D A Q E U N E R W M I A E A C O U N S E L O R R E
R E C S T O A M W U R G T S D L V S P M G D V J E M T
A N N H C B R C J A O C H T O Y A S A Y A R R D M U E
R T W C E E E L H L T H E R T S S S I I P N L C R H R
I I A U I F T P O A C E R O T T G C R E L E A O A Z R
A S F H T H H E V L O M A N J R P P U B W O R G F T E
N T S M E R G S O E D I P O I Z A K Z L G A R E E F C
T A H L D P I S I Z D S I M D V K I D G P I E E G R R
C K B O C X F Q C M B T S E I F E Z N Z S T K D P R U
A R T I S T E B E M M Y T R L N B N X E D B O C R F I
B A R B E R R D E T E C T I V E S W Y Q R D R R V Q T
I R N J C U I D E A R C H I T E C T D H N O B G Z U E
X D C P V D F Z O O L O G I S T E M E C H A N I C I R
```

ACCOUNTANT	CASHIER	ELECTRICIAN	MECHANIC	SALESMAN
ACTOR	CHEF	ENGINEER	NURSE	SCIENTIST
AGENT	CHEMIST	FARMER	OPTICIAN	SCULPTOR
ANALYST	CLERK	FIREFIGHTER	PAINTER	SINGER
ARCHITECT	COUNSELOR	GEOLOGIST	PHARMACIST	SOLDIER
ARTIST	DANCER	GUARD	PHYSICIST	SURGEON
ASTRONOMER	DENTIST	HISTORIAN	PILOT	THERAPIST
BANKER	DESIGNER	JUDGE	PLUMBER	TRAINER
BARBER	DETECTIVE	LAWYER	POLICE	VET
BIOLOGIST	DOCTOR	LIBRARIAN	RECRUITER	WELDER
BOTANIST	DRIVER	MANAGER	REPORTER	WRITER
BROKER	EDITOR	MARKETER	SAILOR	ZOOLOGIST

PUZZLE #30 - AGE OF SAIL

```
R S E B W B A S C H O O N E R N V W A M A B A Z D Y C
I C X U H I L N A M A E S V A C A Y O F W D G I N B U
G U P R A Z F W C K F O U O W O S V O N T J M I S X T
G P E I L E E K L H U Y J Y O V L B A Y T E T I K P T
I P D N I A W S T A O B G A N W L U E L B U R O R T E
N E I D N A H K C E D R B G A G N L G S M M O P N A R
G R T L G V F K Q C X G M E M G L O L G Z B P R E S L
E S I O P D C H A S L O O P Z A F Y I F G X E T M A G
D J O H S H I P W R E C K F G D T A B O M T I S C Y K
M H N V A K T M F J H I L P R T E E L F S R Z A O V E
I H R O T A G I V A N U D G E I T E E X P R U M R H B
H M O J I Y H H U S G Z L J G S G H M S B Z A E S D R
M M A N I F E S T T S T D L A D X A W I S S Z R A N I
Q A G C F H Y W F R W V P M V W O O T H T S Z O I C G
O N I R W C H C A O R J P A L I B C N E R I C F R O D
I E A N L N B A Y L U O T R A N F D K L O G R A C M I
B H A K M C X N A T X E S S D C R K K P A U A J P S
W A E L C A N N I B P E X C A W Q A Q Z N W D H M A C
G P F P S U S T N E R R U C J A U W P O U J D Y G S O
Y A R D A R M T W I K T A G R R Y E U S G Y E P N S V
P R I V A T E E R T T I O G Q D A E K H T V R X J Y E
B O S U N W W K S L H N P V Q L T L S W N A Z J Z A R
B I Q C M G D N E D I S D A O R B T U E C C N I N J Y
```

ADMIRAL	CAPTAIN	FRIGATE	MARITIME	SCUTTLE
AFTERPEAK	CARGO	GALLEY	MAST	SEAMAN
ANCHOR	COMPASS	GUNPORT	MUTINY	SEXTANT
ASTROLABE	CORSAIR	HOLD	NAVAL	SHIPWRECK
BILGE	CURRENTS	HULL	NAVIGATOR	SLOOP
BINNACLE	CUTTER	JETTY	PORT	STERN
BOATSWAIN	DECKHAND	KEEL	PRIVATEER	TOPMAST
BOSUN	DISCOVERY	LEEWARD	RIGGING	VOYAGE
BOWSPRIT	DOCK	LOGBOOK	RUDDER	WHALING
BRIG	EXPEDITION	MAINMAST	SALVAGE	WHARF
BROADSIDE	FLEET	MAN-O-WAR	SCHOONER	WINDWARD
CAPSTAN	FOREMAST	MANIFEST	SCUPPERS	YARDARM

PUZZLE #31 - EXPLORERS

```
C D W C D F P J L P R Z N U W T X W Z O M N A L A V A
F R Y A A K W I V A E D M F D M A C K E N Z I E B W I
E A Y B M N F A N T S L O L J V G K Y N J O S F I Q
R K V E P E U S R T R A O P E B R E I T R A C B H E M
I E I Z I S O O L F A B L S H R E L C A N O B E E B E
K N T A E D C S A P M X P L E T V L O A T Y D Q N T N
S O N A R N L C R U L U P W E R U K G T V Q E M M Q O
O T O F S U L J H E C A O T E X O D S A H R S C A J T
N E M V R M B R U C E L P S F N C Q V I E D O Z H O S
C L E V V A A C I E F V O E T Q N Y P B R B T P R R G
B K R A L C N N Y Y P L V I R I A V U Y A D O R M I N
W C F A P W E K A S U H K V P O V S B N H E N S O N I
C A B O T D S M L T Y I C O O K U G K P D L P W G V V
J H U D S O N Y I I K L M U N G O S B U I E P A H A I
X S G F C S A O L J N L D I L W P V E A M Z V M R D L
N H Y G D Z N M A B D A D I N I R T X K R N A A T R I
C O R O N A D O R B V R S I A D O N O E L E D R C U Y
P G S B G V Y T G K A Y T A L Z K G U C Q E N Q R A J
E T R S N B Z E O R A L P U L S T A N L E Y W T Z O A
A W S I I K P A F N H V B P E C O U S T E A U I S L R
R F O N R D M C S P G G U O G N I Z N E T U W J S O E
Y H D K E D A K Q G V V Y W S A G R O S E I L L I E R S
K P V G B P Y R V V B Y B M M N M R O A O T F C V Z V
```

AMUNDSEN	CARTIER	ELCANO	LASALLE	PINTA
ARGO	CLARK	EREBUS	LEWIS	PIZARRO
BALBOA	COOK	ERIKSON	LISYANSKY	RADISSON
BANKS	CORONADO	FRANKLIN	LIVINGSTONE	RESOLUTION
BARENTS	CORTEZ	FREMONT	MACKENZIE	SCOTT
BEAGLE	COUSTEAU	GROSEILLIERS	MAGELLAN	SHACKLETON
BEEBE	DAMPIER	HENSON	MAYFLOWER	STANLEY
BERING	DELEON	HILLARY	MUNGO	TASMAN
BRUCE	DESOTO	HUDSON	NANSEN	TENZING
BYRD	DEVACA	HUMBOLDT	NIMROD	TRINIDAD
CABEZA	DIAZ	KON-TIKI	PARRY	VANCOUVER
CABOT	DRAKE	LAPEROUSE	PEARY	VESPUCCI

PUZZLE #32 - DESSERTS

```
P B G M O C H I Z C I E C L A Q K E O K T T Q O X R A
I I R E I C N A N I F H E I K O O C T M C A J K H H E
Z S A P S T E B G N U D W T A G B M C P U C R U U V N
Z C N E A S I A O R U L E Z G R N H D R A B P T S Q F
E U I R L V U H R R R B V D U Z Z K E X O R I A L C E
L I T C I O D O T H R V F L A N M D I X E I F F E E C
L T A U Y I B S M O I R E I P P U D D I N G S A X X T
E C R U M B L E S T D E A T E X D R N J I F B S I A Z
S N O W B A L L T A O E D U R N C U O Z F R U O A T I
Q R D L C E F O L L N F N R Y O S G L N F L A D J N D
A I J T N L C S M E U F U B C E T E B F U Z E F G R T
P B G O V S O E S G T O S A X L N L U E M Q V L A E C
K R C V I U R X Y F L T M F G O F A B K I P Y T B R Y
R S O B F I L T R F F N L G K P S C A A Y G S F A Z Z
U P Z F N X U I A U P M B A C A E H L C X U N X N E M
M V L G I E T T E L A G A A M N P W L Y C T O E P G A
K E U O W T H G S C V H N T B I D P Y B K X R P T X M
A E N I E L E D A M L N W G R A N I S I T U O F A L C
K L P R D W U R A Y O X H K F U Y G R O U L A D E K M
E Z J Y A L O T O L V R R B S R F P T W E N P U X O T
P P H Z D N E U I L A V A L K A B F W O J Z H C E E O
C H A R L O T T E E E I N W O R B L L N N O F F I H C
S X B D P R J W M J H X N H M N R D A E R B T R O H S
```

BABA	CHURRO	FUDGE	MUFFIN	SNOWBALL
BAKLAVA	CLAFOUTIS	GALETTE	NAPOLEON	SORBET
BEIGNET	COOKIE	GELATO	PARFAIT	SOUFFLE
BISCOTTI	CREPE	GRANITA	PAVLOVA	STRUDEL
BISCUIT	CROISSANT	JELLY	PIE	SUNDAE
BLONDIE	CRUMBLE	KRUMKAKE	PIZZELLE	SYLLABUB
BROWNIE	CUSTARD	LAMINGTON	PROFITEROLE	TART
BRULEE	DONUT	MACARON	PUDDING	TARTLET
CAKE	ECLAIR	MADELEINE	ROULADE	TOFFEE
CANNOLI	FINANCIER	MERINGUE	RUGELACH	TORTE
CHARLOTTE	FLAN	MOCHI	SCONE	TRUFFLE
CHIFFON	FRITTER	MOUSSE	SHORTBREAD	ZEPPOLE

PUZZLE #33 - SEASONS

```
R T J V B Y R V Y E L K L R E B G N A U N L G B J O N
V E W C S E I I O D E Q E Q M A A L T T G W R L S W R
Z W C I T C Z S S H G B D T K J L R N S B Y O A L P X
P Q M N L S T J R T I N V X K E K A B Z M R M W N B R T
J M I O O I O N C R J L C E R U D S V E E Y T K O O O
E W U I O H G L T C J Y Q B K R G F F L C Q H E W J V
C D S U C T I H S B I O M Z E S R B T U C U U T F E K
Y R E N E E R G T T O U O V N E Y Y P O H S E I H J V
R G I Q J L D U S K I Y H O E V T L L I H C C B N N H
R X M S C D F A L L G C W Z M A Z D K R A D N O W O Y
U W G Z P D P D N C X M E L C I C I R Y W J B A R A X
L L I P P U Z Z M D A J J P T M N O S A E S D V D C L
F Y T X S P O R D N I A R O M G M C H A Z D C I O A H
B U D D I N G S S H I V E R A Z U T K L S Z L B W K F
V E R D U R E S U G D C M D R H T B J L M O I E R P L
Z C H W C M P G N N Z W M W C B U P D E H C N L T F O
B A E R J Q O J V O B U U O H R A G N R M E X W B R W
U L P O P T L J B C W U S N I I K A D G R I U S P E E
D P A M W A L W C R J F R S G G Q H G Y P T E M Y S R
S E S G O O E F E D R B A N K H I M Y N Q V V N V H S
S R T S A I N J O O A N U L X T D R W C A W A R M T H
Q I E G H J S E S P O E B V L V D Z F E S E N N J M V
W F L K X O F T G F C O Z Y L L L Q L B I A L E B D I
```

ALLERGY	COZY	FRESH	MUD	SNOWMAN
AUTUMN	CRISP	FROST	PASTEL	SOLSTICE
BARBECUE	DARK	GREENERY	POLLEN	SUMMER
BLANKET	DAWN	GROWTH	PUDDLE	SUNBURN
BLIZZARD	DRY	HIKING	RAINDROP	THAW
BRIGHT	DUSK	HOLIDAY	REBIRTH	TWILIGHT
BUDDING	EQUINOX	HOT	RENEWAL	UMBRELLA
BUDS	FALL	ICICLE	SCORCH	VERDANT
CHILL	FIREPLACE	LEAVES	SEASON	VERDURE
CLOUDY	FLOWERS	MARCH	SHIVER	WARMTH
COLD	FLURRY	MELT	SNOWDROP	WET
COOL	FREEZE	MOIST	SNOWFALL	WINTER

PUZZLE #34 – BATTLES

```
U M N E J W G U E N W O T K R O Y Z H A J U L L A F L
J M A T E I T N A O A L Z A M O T T E R O P A C I Z K
F U N N E O G O D R T V M L O I R A G L A F A R T K G
N M T N I O M I A M L A F L L O E T E T Z J U U W H I
H A R L T L W I M A Z H A R W P L H Z E U I U I O A Z
I A S S A O A U I N Y Y E S W P J G N O T N E R T R C
M I A E J N F P R D V T O P A E B K S E S F W L C K A
I B D I B O D U N Y S B I F I L O P I L L A G D U O M
K D M D K Y D T R U O C N I G A Q Q A R E B F L L V B
S A R A T O G A A L E P A N T O B A T A A N F L L H R
R R A M M O S U L W I W C O R R E G I D O R O Z O A A
U G Z A B Z H D L E F N E T I E R B R S I P P N D S I
K N K R E T R X C P J C C A N N A E U O W A M E T S
L I M I D W A Y N Z O R G H E K D J A T B P A L N I A
E L F U M N H Q D U A O W A O S G O S T I S L U U N L
I A N I E M A L A L E M V A L N O A A A A I K F H G A
P T O F C E D M I F I A N V C L V O S C H R S C S S M
Z S V K L S N N Q S T N U D R E V Y Y A R T T A M I G I
I S U Y I O A G A L S J S E S J F W E C H I K W D V S
G O L T Z N K F O J X U T G W O Z K M Y S O U P A C E
C M D U C I A P U S A A S N F D N A M L E H K M G G W
V M L T V C R W S U W F D G R U B S Y T T E G G O C G
U E K B L T A H A C K R G O B P E L E L I U G B M U U
```

ACTIUM	CANNAE	ISSUS	MOGADISHU	SARATOGA
AGINCOURT	CAPORETTO	IWO JIMA	MOSUL	SEVASTOPOL
ALEPPO	CORREGIDOR	JUTLAND	NAJAF	SOMME
ANTIETAM	CULLODEN	KANDAHAR	NASEBY	STALINGRAD
AUSTERLITZ	EL ALAMEIN	KHARKOV	NORMANDY	TARAWA
BASTOGNE	FALLUJAH	KURSK	OKINAWA	TRAFALGAR
BATAAN	GALLIPOLI	LEIPZIG	PELELIU	TRENTON
BLENHEIM	GETTYSBURG	LEPANTO	POLTAVA	VERDUN
BOSWORTH	GROZNY	LUZON	RAMADI	VICKSBURG
BREITENFELD	HASTINGS	MANILA	RAQQA	WATERLOO
BUNKER HILL	HELMAND	MARNE	SAIPAN	YORKTOWN
CAMBRAI	INCHON	MIDWAY	SALAMIS	ZAMA

PUZZLE #35 - CLASSICAL AUTHORS

```
F L A U B E R T Q C I C M D P F R V P A H S E Q Q B L
I Y A W G N I M E H K V L I U P O A N R U A C H E B E
K G N L F G A M X E T R P C S O I K I M O N I V L A C
K E R O U A C B A B S N D K H F X L A K C U L C F S X
Y P A Z Y N N B O R N U M E K R A C W A O Q S T A E K
R C A P P A A L Y K Q V N N I M U B T F B T A T U G D
R H U Y O T S L O T O U I S N K Q S P K I V E K L S L
I I S Y R E Q A G Q R V E T N A D S H A O C A S K S A
Z D T M U D K U Z P E P Y Z B E A R D D O X R W N P R
M F E T G N P X A C C J H E F L L H R E I C Z E E A E
G O N W I M B B O H U H V O I O U I T E Q E R N R M G
H Z R Y H A S R W I A O E N B E B Z O K G U E B X U Z
A Z O R S M T C R J H R G Y F L E A R T Z R K I C K T
R S P O I A P C P K C E B N I E T S L M U R A K A M I
D K L L Z S L L E W R O B D H K O Y Z D F B H A Q K F
Y L T A W G O H N B R N O R Y B E T A K W T F L Y N Y
B O R G E S C N J Y E O P P O L P W S Y A I G L S P K
N U T L B L V W M Q W C J Z L N W Q O L S H N E S B I
C Y Y Z I F A D D T C R K E T Q T U P O R S I N U V J
A N L G G P C U A M W W H E X O P E N E L C S D T G O
I M R E M I D R O G Q S U Z T M O H M R Q F S E U I Y
E I C U D O S T O E V S K Y V T N O Z J E L E R A E C
V H U X L E Y L C J D O O P O Z H K L F E B L A A X E
```

ACHEBE	CHEKHOV	GORDIMER	LLOSA	POE
ALLENDE	COETZEE	HARDY	MARQUEZ	PROUST
ATWOOD	CORTAZAR	HEMINGWAY	MILTON	PUSHKIN
AUSTEN	DANTE	HOMER	MORRISON	RUSHDIE
BALDWIN	DEFOE	HUXLEY	MUNRO	SALINGER
BECKETT	DICKENS	IBSEN	MURAKAMI	SHELLEY
BORGES	DOSTOEVSKY	ISHIGURO	NABOKOV	SOYINKA
BRONTE	ECO	JOYCE	NERUDA	STEINBECK
BYRON	ELIOT	KAFKA	ORWELL	TOLSTOY
CALVINO	FAULKNER	KEATS	PAMUK	TWAIN
CAMUS	FITZGERALD	KEROUAC	PAZ	VIRGIL
CHAUCER	FLAUBERT	LESSING	PLATH	WOOLF

PUZZLE #36 – COUNTRIES

```
D P J K X L C G P W N A G T T R L A Z T Z L Y P S L L
Z G O B E D Y Y J B O Q H I L B G Q I P M G X K K E A
P V P L W M I Q E T Y A A M O R O M A N I A D S A S T
K K D V A H Y L I N I W N L I Z A R B Q Q A T A R O V
M Z K U L N G V E L U R I C E G R E E C E K G Y S T I
N N E C D I D P A K A V H Q H S U R P Y C F N D R H A
V H F L U M A N T E I V C B N I T M S G F A Y N L O Q
N Z Z M O L D O V A N C U I C W L O F B M B M A Z I R
O U P F V A H G S M E Q G P C A K E N R I C E L A N D
R B X X B G F P A U M E T Y Q U S O E I L K Z N I G M
W K D Q J U A A I K R A M N E D R G L E A R S I S I E
A A X T H T I X N I A A N E K X Y U I E R Y A F I H X
Y R I J W R B J A P A N L D B P K B G R B Z E I N U I
Z O V R A O R W B F I J B E T B B T K U E A C H U N C
A D C G T P E M L Z G T S W B N I Q A O A L N U T G O
R A L R U S S I A B R M A S U G A N D A I Y A O P A I
R U K A Y H U C E A O B A H R A I N U A N A R N N R C
B C R O A T I A I R E U K R A I N E N J A U F M D Y A
C E N S F W T D O Z G Q R W O K D A N O U G I W T I N
I L A E D J N C S L O V E N I A H E L R H A S J J K A
J S Z I E I C S L O V A K I A G M G P D T R Z P K E D
U V B K M O N A C O D B Y O B E D F Y A I A U T U H A
Y E G M M K P H Y X G F W S Y W D Y D N L P Q F D T F
```

ALBANIA	CROATIA	HUNGARY	MEXICO	RUSSIA
ARMENIA	CYPRUS	ICELAND	MOLDOVA	SERBIA
AUSTRIA	DENMARK	INDIA	MONACO	SLOVAKIA
BAHRAIN	ECUADOR	IRELAND	MOROCCO	SLOVENIA
BELARUS	EGYPT	ISRAEL	NEPAL	SWEDEN
BELGIUM	ESTONIA	JAPAN	NIGERIA	THAILAND
BOLIVIA	FINLAND	JORDAN	NORWAY	TUNISIA
BRAZIL	FRANCE	KUWAIT	PARAGUAY	UGANDA
BULGARIA	GEORGIA	LATVIA	POLAND	UKRAINE
CANADA	GERMANY	LEBANON	PORTUGAL	URUGUAY
CHILE	GHANA	LESOTHO	QATAR	VIETNAM
CHINA	GREECE	LITHUANIA	ROMANIA	YEMEN

PUZZLE #37 - MUSIC

```
I V O C A L S A S A X O P H O N E O S U J T R L G R B
N L O R G Z B X K X L G R S Y I C L A R I N E T J M R
T J Z L T M Y G I L B E A U Y E U P C W N Q A W D P I
R U A V I U V N P K I T H R K O T O A I M S Z L N B D
O D K R Y Y O J C W C E T O N B N J R T E N O R T S G
L F A M E L O D Y K C M S H H G E N A L K A W G M O E
O M Z I T H E R D I O P N C A R V A M V N X A U Z I R
E L C M A N D O L I N O Y Q E R R B T Y D O R A A E E
P L S U I Z Y H P L L M J T T A M T P T K D H N D G J
L Y R I C S E X K F B K U D U D L O B Y R H E R U T C
T R U M P E T S Y A S L O E L D E L N Z B O O Y B N O
Z T J W S B J B L L G R Q L F H R V E Y T C M J J U M
D E E F X O T S C X O G O A P I I M T G E U F B R W F
S F G V R N T H M B K P L C E E N U T R R C L W O E H
K T Q G S A O E O E P O H S L J K K U I N O M D L N V
U U A L X R I E E O I S T O G W S U Q B M M E B L O E
O N G F D P H T I V L E N S N N I L O I V P E U E I U
I A Z E F O D Y Z Q N P Y E A E T E W J K R A O C D K
E K C L J S L A T A H I S O I B A L Y W T Z N N R R J
D N P C I B Z C T H S P R U R V R E V Q L A H E I O H
F M G X C B F S U H M G U I T A R D D T I V L A I C U
W C O N H L A H L S H A O Q V E R S E P J V H X R C R
N L L A L C K O T V Y B Z W J U N W P B O N G O E A P
```

ACCORDION	CLARINET	KOTO	RECORDER	TREBLE
ALLEGRO	CLEF	LUTE	RHYTHM	TRIANGLE
ALTO	CONGA	LYRICS	SAXOPHONE	TROMBONE
BAGPIPES	CYMBALS	MANDOLIN	SCALE	TRUMPET
BANJO	DRUMS	MARACAS	SHEET	TUNE
BEAT	DUDUK	MARIMBA	SITAR	UKULELE
BONGO	FLUTE	MELODY	SOPRANO	VERSE
BRIDGE	GUITAR	NOTE	STAFF	VIOLA
CASTANETS	HARMONY	OBOE	SYNTH	VIOLIN
CELLO	HARP	ORGAN	TEMPO	VOCAL
CHORD	INTRO	OUTRO	TENOR	XYLOPHONE
CHORUS	KAZOO	PIANO	TIMPANI	ZITHER

PUZZLE #38 - MAGIC

```
S Y C S P A C F A O M D P T E L E P O R T T G Y G H R
M J Q I K R L L N P V A N I S H W T N U N R D O R E V
X M X G Z E O K A F A F P B E W I T C H A A W A B Y I X O
L B B I O N Y P A I R A I L I M A F M T A K O J M I O
G T F L D I G E H H R N R C I N D O A S N C M V O N D
U N Q Z G V R K U E E V Y I D F R B H I E A C J I G O
F O R E S I G H T M C S O O T C S N S T V L C A R E O
S I K S E D L U V H F Y T Y E I L E T L O B Q N E R L
O T W B U E J E W J O F E N A L O A U U C C C I I V E
R P D E C L N D F Q R W Q S E N V N R C O D U M C K V
C E A B W O M M F P T T X P X I T A R C T I R I P S I
E C G A M U L E T Z U G S J X L J G O O A J S S J D T
R E N Y C U E C Y C N A M O R Y P A D F F N E M B G A
I D S L I K E N H S E A H W F P O T I O N E E K H F T
E R C U O D E A O K G W M K J X D U F E R U J N O C E
S A W V M C R E W I R S J S O C V S T A R C A Z M K U
U Z N R N M B S C R P O D U I V G D G A N I K A S X Q
Q I U A I D O I C H K P R G M L I T U K C T E S N O I
A W R E E D A N O R D L U A C L A U T I R R A P F I T
S T H S I N A B H O Q A P M N L I T D D D J X S C Y S
I A R R A F G L A M O U R Z O I W R G I L L Y U T T Y
D U R U N E S T O N E T P G W H A I L L U S I O N I M
C D S I C E N C H A N T E R A C I T A M G I N E N Q C
```

ALKAHEST
AMULET
ANIMISM
APPARITION
ARCANE
BANISH
BEWITCH
BLACK ART
CARDICIAN
CAULDRON
CHARM
CLAIRVOYANT

CONJURE
COVEN
CURSE
CURSED
DECEPTION
DIVINER
DREAM
ENCHANTER
ENIGMATIC
FAERIE
FAMILIAR
FANTASTIC

FORESIGHT
FORTUNE
GILLY
GLAMOUR
GRIMOIRE
HEXING
ILLUSION
INCANTATE
INVOKE
LEVITATE
MAGICIAN
MAGUS

MYSTIQUE
NECROMANT
OCCULTIST
POTION
PROPHECY
PYROMANCY
RITUAL
RUNESTONE
SEANCE
SEER
SHAMAN
SIGIL

SORCERIES
SPELL
SPIRIT
SUMMON
TALISMAN
TELEPORT
TRANCE
VANISH
VENOM
VOODOO
WAND
WIZARD

PUZZLE #39 - VEGETABLES

```
B C A U L I F L O W E R S R C T P S L T I M U E F T S
I R Y N B N S L C G F S E L A K N A C E D W O N C A O
R D O U M F Q I G R E B C S R X C M R A E A I D H R R
B A N C T E L D K R M P D E R Y I N K S L K Z I A R R
A P D C C R Z H C U M R B X O N O O T S N L I V R A E
S A C I A O Z L C O A P U Z T I Z I P E O I I E D G L
I R A G S I L U D L R C U E L R N N B R H F P O X O F
L S B O L H C I L T K N K E W P I O I C E M O B N N V
E L B S E C O O J X O O D N U Y K R M R C E L E R Y S
S E A T S C C F U A H N A B W C P P I E J I C A M A U
T Y G K S I R H M C A E V I H C M D G T O L L A H S M
J C E K U D D U I D B G O O C Y U A D A L W O T I X M
X J N L R A M T T Y W T Y S A E P Z Y W E E H B B O O
B E A N B R R R O A A T H N C O R N C G P A H O X L
A C F G B A E S E T B N U A I K B F Q A H R P R I P E
S O I B P P L N O V A A Z T P B J E S M L I H A D R T
P L L L P F A P Y V R L G U S Q E Y K H U S C V N D T
A F A E A L B E E T U P S A C C Q L O M U N G O O S U
R T P Z S N J W K E G G F S K C U K D M F U U V R V C
A P L R A R T X U S U G X J K C H Z S S Z P K W R Y E
G G U P Y G Z R T R L E K A Z A G I Y G V F E N N E L
U P I N R U T W O N A G E R O B N O N Q Z G L N Z B F
S A R V N U Y C P G Q F A Y G J S Y J I E E T X W X C
```

ARTICHOKE	CELERY	ENDIVE	OREGANO	SCALLION
ARUGULA	CHARD	FENNEL	PARSLEY	SHALLOT
ASPARAGUS	CHICORY	GARLIC	PARSNIP	SNAP PEA
BASIL	CHIVE	JICAMA	PEAS	SORREL
BEAN	CILANTRO	KALE	PEPPER	SOYBEAN
BEET	COLLARDS	KOHLRABI	POTATO	SPINACH
BOK CHOY	CORN	LEEK	PUMPKIN	TARRAGON
BROCCOLI	CRESS	LETTUCE	PURSLANE	TATSOI
BRUSSELS	CUCUMBER	MINT	RADICCHIO	TURNIP
CABBAGE	DANDELION	MUSHROOM	RADISH	WATERCRESS
CARROT	DILL	OKRA	RUTABAGA	YAM
CAULIFLOWER	EGGPLANT	ONION	SAGE	ZUCCHINI

PUZZLE #40 - KITCHEN

```
C S A U R K M E T R F S T E A M E R A G U S B Y R G X
C R I T L S B N E B H U Q G T S I U B C J K Q C Q F G
M E O N O E Z H R Q E L D D I R G O P G Q I S A O E R
I D B C K N C A J A I P A I J Y G L L G I L D I D Q A
T N Z J K T G A Z I K U D R C R A F L T M L G F H M T
T A F F I P C S A Z W F U F E T B G T J M E M B T W E
A L O P E W O I B A I S G V E N F Q R A D T K Y O X R
Y O R G V I V T W F D H A E H A L E S C H P B F R W J
U C K Y G D R M Y M G E A M J P V H M G X I L R B M O
D F D Y S A X T X O L D Y B B V E U P A R V E E P J K
B U R N E R M I Q C F M R Y J R E P P O H C N E U F H
U U B S P O O N B O W L U T D E O S T O V E D Z Q Z R
O C U S R B Y C C K R N A G W L C I G G M X E E P E E
P E S T L E S X M E T A C N Z E M O L I O F R R Y A S
H I A S I E V E C S T R A I N E R I O E D A L R C R N
A R O Y A C S U U R R R J J N P E D E X K R H F E K I X
Y P S V B I A X I E L A D L E W T A V E E G E C H G N
A G R P E S T V T T J K C U P R S S I T R R Y I K S L
J X F O A N E S D S T T E N I B A C N D G N J U N Y P
T R F B N T E C U A F T G T A L O R E W A R D J G D C
S P I C E Z U K U B U P S N T X T A G S U E I X Y Y Z
S X O T J Q S L F Q U I A R P L L T A S G J Y L D L N
A P P I U E K W A T H B A I L M E U R L R O D U L K M
```

SPOON	MIXER	CHOPPER	DRAWER	ZESTER
FORK	BLENDER	SPICE	FAUCET	MASHER
PESTLE	TOASTER	FLOUR	SINK	COOKER
PLATE	GRATER	SUGAR	CABINET	BROILER
BOWL	PEELER	CLEAVER	SHELF	FRYER
CUP	WHISK	KETTLE	PANTRY	SAUCER
MUG	LADLE	PITCHER	FRIDGE	SKILLET
PAN	TONGS	BASTER	FREEZER	GRIDDLE
SALT	SPATULA	APRON	MORTAR	CROCKPOT
OVEN	SIEVE	MITT	BAGGIE	STEAMER
STOVE	STRAINER	TRIVET	VINEGAR	JUICER
GRILL	COLANDER	BURNER	FOIL	BROTH

PUZZLE #41 - COLORS

```
H B L A C K F L P C H E S T N U T S Y H T E M A P S G
J V Q M I I P A Q M I M A Y X A H P A Y X T L X P E S B
T C O T P O B W F A S M X L T Q C M U T A G Q W R G Y
D W E C C U H E N I R T I C G R E E N E R U O X I E K
R W V R H H D T W S E O A N I B O S A A S L O T W G O
A L A E R R N A O H V O O C E E X D Y L L F Z L I W W
Z H V B Y E E L R C L S X N H G L N C E Q B E M N P D
C S M M X T N O B U I K K Q Q I T V Y D K P F T K T Q
I H S A R W L C B F S S U A R E O M A G E N T A L I S
Y V Z G E E Y O L L L F R P B B U R G U N D Y G E G G
Z U O H C P H H F T W L W T L U X R I R A R A T Z C N
T C X R S O U C P Y L E U U U I N K Y S I A R J N L F
V S Z S Y N P C E R U L E A N R A J C Y D T B N O J K
T O P A Z A W P V I O L E T C H Q A T U I S S A R B S
I C E C R V W H E Z I O M K K E V U A M S U W U B W D
L N L E R Y J M I R E D N E V A L I O E B M D M R M V
A D D R U I J Z Y T E S Q G F O R A L I O K Z Q K L T
W S L I C Q M I I R E E D W F G R Q D N S P S B E F G
N H O H G Y H S U L B P R Z N L U J M O Z E I Z K X G
F H G P K O S Z O L V I Y A S O B H K K N V A N M S Z
P U R P L E A X D N I A S L Y L Y A Q U A H E Z K H X
D B Y A B E R Y L L K K T S S A C D W E M E R A L D L
M F R S T I Y W D L L Z Z L I C Q Y Z B F Z N P K W N
```

AMBER	BURGUNDY	GOLD	MAUVE	RUST
AMETHYST	CELADON	GRAY	MUSTARD	SANGRIA
AQUA	CERULEAN	GREEN	NAVY	SAPPHIRE
AZURE	CHARCOAL	HAZEL	OBSIDIAN	SEPIA
BEIGE	CHESTNUT	INDIGO	OCHRE	SILVER
BERYL	CHOCOLATE	IVORY	PERIWINKLE	TAN
BLACK	CITRINE	JADE	PEWTER	TEAL
BLUE	COPPER	KHAKI	PINK	TOPAZ
BLUSH	CRIMSON	LAVENDER	PISTACHIO	TURQUOISE
BRASS	CYAN	LILAC	PURPLE	VIOLET
BRONZE	EMERALD	MAGENTA	RED	WHITE
BROWN	FUCHSIA	MAROON	RUBY	YELLOW

PUZZLE #42 – MOUNTAINS

```
R E V I R D N I W R H L B K U S O R G A Z A O A P W C
O I O P J O S R W G O S U L A C E J K M Y X L I T I C
C G M B Z U Z E X T A K B L A J S O I A I L L P A A
K O V A M H N T J U R A T S K C R E L N E U L M C D T
I Z R M P Z R O B L A A C U G A K A T G B O Y P G I S
E K I K O E M C H U G A C H S A M H H Q S L V Y B R K
S T J R B W L I W U D O L B N I C E I D O O H R N O I
E G I L Q I H X T E D H A A H F N A K L A B J E B N L
G B E N S U Z I U C Z A I D M Y H J U M L D I N R D L
S P L A A A P Q T J H U E K L L Q P C C N S G E E A S
O L Q W D R M V E N G E E J O Y X W G K A K T E T C B
V H H B A R G R D B E L L E G N A R W I I S R S A K O
H N R E L E E H W X O Y A L A Y Q K C S P S U Q U O R
G K E G D I R E U L B U P G N I V O I Y O Z T S R A A
A R T D N S L A R U U I N C A R P A T H I A N A U P H
N R I I A I A F B I N K C D S Z O Q O U H G O S S P T
N Y A W H F I L A N E D U A A D Q V A M T Y K M M A O
E R S E S H C T A S A W I N J R X Q T U E O F Y Y L O
T C U R N M L C O L L L S S L G Y T B J O A X S M A T
T Q M Z E A L A S Y E R H P M U H F J R V N E N W C W
S M O K I E S T A L K E E T N A N S B B Y D X T O H A
I Q V B T N Q C T O O R R E T T I B K O N U G F S I S
R S H A S T A S V I A D S A N J U A N A C I G X T A S
```

ABSAROKA	BLUE RIDGE	GANNETT	PAMIR	SUMMIT
ADIRONDACK	BORAH	GRANITE	PINNACLE	TALKEETNA
ALBORZ	BOUNDARY	GUIANA	PYRENEES	TAURUS
ALLEGHENY	BROOKS	HIMALAYA	RAINIER	TIEN SHAN
ALPS	CARPATHIAN	HOOD	ROCKIES	URALS
ALTAI	CASCADE	HUMPHREYS	RWENZORI	VOSGES
ANDES	CATSKILLS	JURA	SAN JUAN	WASATCH
APPALACHIA	CAUCASUS	KUNLUN	SAWTOOTH	WHEELER
ATLAS	CHUGACH	LOGAN	SHASTA	WHITNEY
BALKAN	DENALI	MITCHELL	SIERRA	WIND RIVER
BITTERROOT	ELBERT	OLYMPIC	SMOKIES	WRANGELL
BLACK HILLS	ETHIOPIAN	OZARKS	ST. ELIAS	ZAGROS

PUZZLE #43 - CHEMISTRY

```
K P R B E V O C M A P N O G E D I R O L H C J J O B L
I O P N C K F B O A L C B D J E S N P E R I O D I C O
N L O I C B Y F Y V U C Y V D D E O E Q U A T I O N I
E Y H Y D R O X Y L A H O I M G A R E H T E I A O R Y
T M E M U L S I O N E L X H O D C T B A S E N O T E K
I E M L L M D O X D D O E L O R I U J L Y X O B R A C
C R Y L Y N P K L S Y M A N R L D E Z D L M R W Y B F
S M Z E O L R A E O N H R E T S E N I M A Q G H Q M E
A P N B K Q O J B L A M P Z Q X G N O I T C A E R A Q
G Q E C I T T A L U M O R S P Z V M M C A W N A W Q I
E B N M M Y O Z H T I L O V G G F U E W C O I T C P O
L Z N N N O N P Y E C E D N K O I T O M J E C E T L D
B H O N O N M E T A L C U Z U R E X O T H E R M I C I
O I I F L U O R I D E U C D B C I M C R Y S T A L D D
N I T R A T E T W P A L T I Y Q L P E T K E T E J L E
N T A K B N J N N W N E L O H A D E N T T A T C Y S C
J N C Y R A C E I N T I L L B X W E U A A A T F P M O
A C E T Y L G M Z L U L Z L W R V Y F S H L E O I E M
A C F V S U O E U Q A B H O U L O L R P X Y Z X M Z P
F A X X Q G C L E R T K R C O W U M S I S O T O P E O
S Q X F M A D E N W Q I L S V S Y O I C W U N O L R U
W L P V X O V A L E N C E A X Z H P I D R C I T H L N
N D K O X C W V R T A B L E D P B H Q E E D G Y B J D
```

ACETYL	CARBOXYL	ENZYME	ISOTOPE	OXIDE
ACID	CATALYST	EQUATION	KETONE	PERIODIC
ALCOHOL	CATION	EQUILIBRIUM	KINETICS	PHOSPHATE
ALDEHYDE	CHLORIDE	ESTER	LATTICE	POLYMER
ALKALINE	COAGULANT	ETHER	METAL	PRODUCT
ALLOY	COLLOID	EXOTHERMIC	MIXTURE	PROTON
AMINE	COMPOUND	FLUORIDE	MOLECULE	REACTION
AQUEOUS	COVALENT	HALOGEN	NEUTRON	SOLUTE
ATOM	CRYSTAL	HYDROXYL	NITRATE	SOLVENT
BASE	DYNAMIC	INORGANIC	NOBLE GAS	SULFATE
BOND	ELEMENT	IODIDE	NONMETAL	TABLE
BROMIDE	EMULSION	ION	NUCLEUS	VALENCE

PUZZLE #44 - CONSTELLATIONS

```
T R I A N G U L U M S U S N A T X E S Y K M C R G B K
W I O I V Y L D O U U L I O S U S A U E B M O G R I V
S C O R P I U S N W P P W R R C H Y N M Q J E Y F C N
V V E M L E L I E Q U F E M U A V I G X A U O N Z J S
W O L Q M B H Y A I L T N A I N V W Y M S B U V S Q V
I S L O L P R D Q N B M J M G A G E C R J C V L C A N
F U S A L Z E E A W X F Q I T I G T L A O R N Q E M S
C R Q E N M O C T C A E L U M V R R Q A X U Q J R U K
M U D N O S A S A I L A C E R T A U U G Q X Y C G I S
W A V R Q S U A N S C C U T E X A D A S Y A D C X G V
T T D M N N Z S I T S U D N I R D B U A R F R W V O U
A N P A I O J W R P Z I L A I K I R N B S R A Z S L L
A E T C A V V X A R Y L O U U M S D I S H U C Q R O P
Z C R S N P I S C E S X S P M H U L A M M W O O H R E
O I G E C Q Y V Z X A N I G E K I S I N A C N L A O C
C D X R S E F G A P U R I S T I R B C C U I G E Z H U
C K E P O F T N Z E O V I P N N A N J A M S G P B T L
G E T E N P R U O G L W Q E U P T C A N C E R U O J A
L E F N F O A O S A K J Q H S D T A G U G T O S S O N
Y L M S F Q K V E S P U P P I S I W P D O R A D O O Z
N T O I P I P R O U B O O T E S G O G U U K Z R I P I
X Q B C N E X C D S V Z X Z Z W A W K A S K K R S J M
Q Y C U Z I C A P R I C O R N T S W M A R A O J H C Y
```

ANDROMEDA	CARINA	FORNAX	MAJOR	RETICULUM
ANTLIA	CASSIOPEIA	GEMINI	MENSA	SAGITTARIUS
APUS	CENTAURUS	GRUS	MINOR	SCORPIUS
AQUARIUS	CETUS	HOROLOGIUM	MUSCA	SERPENS
ARA	CIRCINUS	INDUS	NORMA	SEXTANS
ARIES	CRUX	LACERTA	OCTANS	TRIANGULUM
AURIGA	CYGNUS	LEO	ORION	TUCANA
BOOTES	DELPHINUS	LEPUS	PAVO	URSA
CAELUM	DORADO	LIBRA	PEGASUS	VELA
CANCER	DRACO	LUPUS	PISCES	VIRGO
CANIS	EQUULEUS	LYNX	PUPPIS	VOLANS
CAPRICORN	ERIDANUS	LYRA	PYXIS	VULPECULA

PUZZLE #45 - AFRICAN CITIES

```
E Z H L S Z S O W G H A R G E I S A C H M U L Z N H Q
K W Y I T R O A R W I T Y B K D B A Q T C D A B U J E
U A D R E S N U X I L O P I R T E Z W M X D G U P N M
C D Y I A E B C A D A R A M S A K A S U L B O E O Q B
A L G R M N U A I F L C A B G B W U M B C Q S R T S A
V L C A E L L I V A Z Z A R B L O M E A T O O A H Z B
A C J T R W Z T O U R M W I N D H O E K F B N R J L A
A D S U P E G L R I A M A N Z I N I E K A I O A Z X N
N U Y E M A I N N K B I S S A U O D M G I Y K H K Q E
R O J U O T U F O L I B R E V I L L E A A G R E Q R D
D N B K V G A K M L B U J R A D L C W W P R A C N Q Y
U O W W O I U T S R I V E D L D B P A B L U Y L M G T
Z T I P N B Q N A Q Y L N E A E C L R Y M W T L I M G
Y O G O O O D W A J V A V K P L U D U R B A N O L F F
E C R V T R A O I O U I A K M B M A L A B O F J L T H
B O D M R I R T T L U R A B A T P O R T L O U I S P R
M U J T O A C E T G F Z S N K P P O L O K W A N E L Y
I C I U P N W P N F U L J K E U B U J U M B U R A O A
M E B N E O A A L T Z U J B R F R E E T O W N J O B O
H N O I S A B C T Z L X U E P R E T O R I A M L R A U
B T U S K H A R T O U M W Z A N Z I B A R R G F N M N
P M T Y D P B T Y G G N O U A K C H O T T C W A B D
Y Q I H S T A S A H S N I K F Y M S V I E K I A T A E
```

ABABA	CAIRO	JUBA	MAFIKENG	PORT LOUIS
ACCRA	CAPE TOWN	KAMPALA	MALABO	PORTO-NOVO
ADDIS	CONAKRY	KHARTOUM	MANZINI	PRETORIA
ALGIERS	COTONOU	KIGALI	MAPUTO	RABAT
ASMARA	DAKAR	KINSHASA	MBABANE	RUSTENBURG
BAMAKO	DJIBOUTI	LAGOS	MONROVIA	SOWETO
BANGUI	DURBAN	LIBREVILLE	MORONI	TRIPOLI
BANJUL	FREETOWN	LILONGWE	N'DJAMENA	TUNIS
BISSAU	GABORONE	LOBAMBA	NAIROBI	UMTATA
BRAZZAVILLE	GWERU	LOME	NIAMEY	WINDHOEK
BUJUMBURA	HARARE	LUANDA	NOUAKCHOTT	YAOUNDE
BULAWAYO	HARGEISA	LUSAKA	POLOKWANE	ZANZIBAR

PUZZLE #46 - DRINKS

```
C O C K T A I L V M C R Q U B J M S C I N N P N Q E B
A S H A X H T X I E T T A L A O R I N D O T P U T Z M
R S X Y Z C S O D A R U N E U E U I M I B D B I W S Q
H E E F F O C J Q C S M I A T Z T R U O G T R P M C Y
P R A H I M M U R O X H O T A R A K B A S P P W Q H Q
O P V N A L I U Q E T G I U A G W W K O S A W G A N R
M S L B U P L U E O T B C M T L A D J T N F L M F A A
P E W G L R K N O E G G N O G H O N E G R O N I A P M
E O E M H O N M S P C I O Z Q V T W I N E W D W L P F
F W R T A I S P E P E Q I E C H T H C N U P O V U S Q
W A Z T K L I Q U E U R S I E L E O Y X L C I Q G K V
Y A T A E P O I H J P R U B V T R W V Z S C F A T R S
A S R B T C J C R L K F E E D A Z Z I X O B Q J E I
C A M P A R I S O D I R N C I L M G P L H S G J Y D A
U N K P D C W X H I D Y I A N I A M B C I V R C D I E
B D J P A T D H S T N U L Y E K A E N N C B V T A C A
M N M N H O U A I M J T A D R R E Z T L E S R H L L D
A O G A V N B C I S R T G N G R Q H U D K A C A O G W
S O J L F I N C H Q K X E A R L E M O N A D E C N P K
C J A I B C A B O P U E R H M G O H T Q S C G Z D D I
C H Y A T X A J H F J I Y S O Z J Z S F R A P P E W Y
U D A T A O U A A C T E R K O M B U C H A E X M Q T F
G H O R C H A T A A K T F I Q T P N I Q T U R A Q C H
```

ABSINTHE	COGNAC	KOMBUCHA	PEPSI	SHOCHU
ALE	COLA	LAGER	PISCO	SMOOTHIE
AMARETTO	CORDIAL	LATTE	PORTER	SODA
BEER	DAIQUIRI	LEMONADE	PUNCH	SPRITE
BITTERS	EGGNOG	LIQUEUR	RAKI	STOUT
BOURBON	ESPRESSO	MARGARITA	RUM	TEA
BRANDY	FRAPPE	MARTINI	SAKE	TEQUILA
CAMPARI	GIN	MILK	SAMBUCA	TONIC
CHAI	HORCHATA	MIMOSA	SCHNAPPS	VERMOUTH
CIDER	INFUSION	MOCHA	SELTZER	VODKA
COCKTAIL	JUICE	MOJITO	SHANDY	WHISKEY
COFFEE	KAHLUA	NEGRONI	SHERRY	WINE

PUZZLE #47 - HUMAN BODY

```
H Y I U B B E I Y R C D K D B T K C S B A P I H E O G
M P Z N F Y J E E B H C S D O H A I R T U R N Z I I K
Y M R U A V N G F H R K Z E N R G B F P E S O N M I R
Y V O D S D N D A Z L G L K E D T B I Y T R D T O E R
C R X M I I O M U T F O O K C A L L E T A P N W Q W Q
X E R K F R J O O J J Z Q Z N E U E H V U I E U B F Z
X L Z E K I A W L X C F Q K A H N I L P H L T H M K D
U I G C S K K D S B H I L X V M G Z Z B D R N I X N L
Q R G P C E V T S E I E I X J H U R J P O I A R A S Z
O M A L A L U B I F N S V M O U T H W M E W B D K E J
Y G I M P R R U V W U T E T M N T E B V H O R H I F F
I A N L U N G M L R C E R X H Y V Y L J I R A E K U U
N I F E L E Z L E U L E C U X R K M R C X B N A V F S
M N Z X A L H M P M A T H U E E E A R V R D O R E S M
Q T H B I I U T L E V H E N Z T N E M A G I L T G J O
C E V X H H U K Q F I C E L K R I I Z B C M W A J M L
B S G P D C Q A S H C A K R C A P Y D Q J J A I B I T
U T L D B C W Y C K L M V L I S S X N W M W I D V T K
O I E U P H J W F H E O K N W B U W E S O R S U W T R
K N G H N E M O D B A T Q N F X F M S E J I T B Q Q I
B E G P N S O E I O O S P W E U M N K P E S Z T K W A
O D W L E T M Q V N F J K O G E Q F I U P T O F J G I
T O N G U E E V Q U T D P S F K Z E N P B E F V L A O
```

ABDOMEN	ELBOW	JAW	NECK	STERNUM
ANKLE	EYE	JOINT	NERVE	STOMACH
ARM	FEMUR	KIDNEY	NOSE	TEETH
ARTERY	FIBULA	KNEE	PATELLA	TENDON
BLOOD	FINGER	LEG	PELVIS	THIGH
BONE	FOOT	LIGAMENT	PUPIL	TIBIA
BROW	HAIR	LIP	RADIUS	TOE
CHEEK	HEAD	LIVER	RIB	TONGUE
CHEST	HEART	LUNG	SCAPULA	ULNA
CHIN	HIP	MOUTH	SKIN	VEIN
CLAVICLE	HUMERUS	MUSCLE	SKULL	WAIST
EAR	INTESTINE	NAIL	SPINE	WRIST

PUZZLE #48 - MINERALS

```
S B M R E T I R E D I S E P I D O T E O Q C C V L N V
T S L T W W V D V S O K A O L I N I T E L U W O C F B
A G Q E N M I F S C W L W I L L E M I T E I A A I A O
U R A I P S G A L E N A O M O N A Z I T E U V R R S A
R P R R P I N A A N T O Q S A R A G O N I T E I T Y N
O U X O N M D Y Z N P R Z E T I N E F L U W T E N Z Z
L R I N U E Z O A U D E O A L O J Z Z K F E I T H E B
I D L S C C T D L P R A V M U D N U R O C G R I B I A
T J P F E R A S M I A I L O Y L V E D H J I Y T A L C
E Y C L L E N I P S T T T U O Z M U U O L O P A F E E
G P A U E S C F Z H D E I E S A M A L A C H I T E T K
L L S O S A M E O O A T D T G I B O R N I T E S I I Y
I A S R T L A L I K R L M N E E T I M O L O D N I N A
M G I I I C R D S U E E E N I T N E P R E S E E V O N
O I T T T O C S I T T T R A B A N N I C M E A K D I
N O E E E H A P T E I I I Y I Q R E I D L T Z N B O T
I C R A O T S A E T L N M V S T B W S I I B Q H H H E
T L I O J R I R E I O A A R V E E T I X E L U Y M R H
E A T P U O T N Q C E I R W M C A I U N Y K Y D I A Q
M S E F L M E N R L Z V F E T I T A M E H F P R L S B
B E L O Z E T I N A M I L L I S B K R N G K T I C L E
O U U M C O Z X O C N V O T R E M O L I T E T T E D M
S T O U R M A L I N E U W M U S C O V I T E T E A V D
```

ANDALUSITE	CORUNDUM	HEMATITE	OLIVINE	SULFUR
ANHYDRITE	DIOPSIDE	ILMENITE	ORTHOCLASE	TALC
APATITE	DOLOMITE	KAOLINITE	PLAGIOCLASE	TOURMALINE
ARAGONITE	DOLOSTONE	KYANITE	PYRITE	TREMOLITE
AZURITE	ENSTATITE	LEPIDOLITE	QUARTZ	ULEXITE
BARITE	EPIDOTE	LIMONITE	RHODONITE	VIVIANITE
BAUXITE	FELDSPAR	MAGNETITE	SERPENTINE	WILLEMITE
BORNITE	FLUORITE	MALACHITE	SIDERITE	WOLFRAMITE
CALCITE	GALENA	MARCASITE	SILLIMANITE	WULFENITE
CASSITERITE	GARNET	MICA	SPHALERITE	ZEOLITE
CELESTITE	GYPSUM	MONAZITE	SPINEL	ZIRCON
CINNABAR	HALITE	MUSCOVITE	STAUROLITE	ZOISITE

PUZZLE #49 - INSECTS

```
C P D E E R F L Y U S D D G I G Y F N B Z P N Y V D S
I V U L A D Y B U G C I M A O U R G U E Y H O C I C A
C W H P D O L O U S E R L V M H L U Q E I V O N L A N
A R A H A F F L G F G Y A V P S X K B T N A O S A D D
D Q T Y A B W H U P I V M M E L E U J L G C B T C D F
A O J B S V A Q W E E R Y A X R T L Q E A B M O E I L
M Z G K L P S J J Z N N E A G E F G F R R U A N W S Y
R F I D E C I L K O O B N F R G J I B L A G Y E I F L
E A R W I G O T I U Q S O M L V O U S W Y B F F N L F
C H A L C I D F T Y L Z I E L Y V T K H L T L L G Y R
H O V E R F L Y L L Q T A B E L V S N A F H Y Y Y U E
Q W L G Y V X U C F E F O J A F D S R C L R N D I C T
S T A B L E F L Y N H B U Y F N A H Y M L I N Z N A T
X Y Y L F R E B B O R K U N M O Y C D F A P K J C E U
W N O P H Z Y G P G B C X G I S Q A R R G S T H N L B
N S K L S G A P L A T S J I N B H O R N E T I Y H F S
W H A V E R E I R R P F Y S E O I R I D U N G F L Y T
G A A O L R V K T D D V R N R D X K B I I W V Y M H I
T K S K F E L S O S Z B J E P E D C Q D H H R Y A G L
L L H P E I I C H N E U M O N K T O J Y L H P N N D E
Q H K W C L U S T E R F L Y J V Q C N T C A N A T Q T
L Z A E S O L D I E R F L Y N Y Y T B A X Y T M I L T
L A R V A T R E E H O P P E R X G M T K L C X I D C O
```

ANT	CLUSTERFLY	FLY	LEAFMINER	SILVERFISH
APHID	COCKROACH	GALLFLY	LOUSE	SOLDIERFLY
BARKLICE	DAMSELFLY	GNAT	MAGGOT	SPITTLEBUG
BEE	DEERFLY	GRUB	MANTID	STABLEFLY
BEETLE	DOBSONFLY	HORNET	MAYFLY	STILETTO
BOOKLICE	DRAGONFLY	HOVERFLY	MOSQUITO	STONEFLY
BRACONID	DUNGFLY	ICHNEUMON	MOTH	TACHINID
BUG	EARWIG	KATYDID	NYMPH	TERMITE
BUTTERFLY	ENSIGN	LACEWING	PUPA	THRIPS
CADDISFLY	FIREFLY	LADYBUG	ROBBERFLY	TREEHOPPER
CHALCID	FLEA	LARVA	SANDFLY	WASP
CICADA	FLESHFLY	LEAFHOPPER	SAWFLY	WEEVIL

PUZZLE #50 - FITNESS

```
Y A P U V B Y K E G H H N T O N I N G S P E R Y Y T Y
O B E R Z H A W Q T O U N L Z I M E E E P R U B I T N
G M C R N I H R G I C Y Q A Y E D T O T L O E F I U D
A U N M O F A N B Q U A D S E T N R N S S C S L C O I
V Z A U G B E L G E B F U O F O L D A P P S I I R K L
B W R Y F R I P H Y L T F T L R N B E C O G C P U R N
H M U Y T W R C S L L W B V P X C B R A L R B N O S
W M D S Y R E V O C E R A S H A I K C V L L E U C W P
B E N D S G H O Y A B X R F M R B S A I L S X V H U U
N L E D S T L E D D B E M L T B T R M E Y S E Z S E L
T R I T E D A Z A W M E U E W A E D B C K C K P H M A L
Y I Q F O A P M T A U L P X U S A E K I A I U E M E U
A V T W T H D L I R D J A Q T E L D B G N P P O C R P
B E N C H I E L A N K U S A R T U O I F B P B C A I H
S P E E D E N A I N A M L T T C R K D C Q I L B L S B
C A R B S C O G L F K P J E J E F U F D L N T R O T X
V E G N I N I A R T T I K O A Y Y C I I A G Y X R R A
G L U T E S T P Q H H N G N S B G Q T C V O Q S I E B
G I Q B X F A H P Y G G A T B T L Y N Y R T W N E T S
B D E F F E R E L L I P T I C A L U E M E V X K S C U
M H Q E K M D J G N E T G T Q M A D S E T A L I P H O
X V U H J D Y B G L W L M B D W O C S I N X U L M K O
A L K P T U H N U T R I T I O N K O T E I B F P Z C C
```

ABS	CORE	HEALTH	PLANK	STAMINA
AEROBIC	CROSSFIT	HYDRATION	PROTEIN	STRENGTH
AGILITY	CRUNCH	INTERVAL	PULLUP	STRETCH
ANAEROBIC	DEADLIFT	JOGGING	PUSHUP	TONING
BARBELL	DELTS	JUMPING	QUADS	TRAINING
BENCH	DUMBBELL	KETTLEBELL	RECOVERY	TREADMILL
BICEPS	ELLIPTICAL	LATS	REPS	TRICEPS
BURPEE	ENDURANCE	LIFTING	REST	WARMUP
CALORIES	EXERCISE	MAX	SETS	WEIGHT
CARBS	FITNESS	MOBILITY	SKIPPING	WORKOUT
CARDIO	FLEX	NUTRITION	SPEED	YOGA
COOLDOWN	GLUTES	PILATES	SQUATS	ZUMBA

PUZZLE #51 - VOLCANOES

```
V O L C A N I C B U U R F O T W P R R N T R A M E Q T
O D D Z J C I K M C Q F I L J A S E O T A R S T U S K
P H R C O V R C I T I N A H P A S I O R H I I E U A S
E R U P T I O N G L P H M U K U S P T P B L G R T Y P
P N O F T V L U Z E A O M H R O U N E A O B C L E D D
P Z O A Z C L E Y R M U E G L P I T I Y I D A U F O T
E U V C M P A W U U H M E V K V C H F A J R G F M N
T A W D T K F G J B H N X A P M U R A E D P E T U E U
L I K N U U H I H H T E U L A P S B R M I T D U S N G
A O E F I S S U R E R S I G C F E B X K N A L F I U S
S V Q C I E A B Y E E P M T A P V E J E C T A F O M D
A N D E S I T E S I R A X B Y M I J M R M R C D N V E
B S C O R I A Y S L X L X T A P U L P Q N I O C M W T
M A N T L E E M E T A L U M U C L A L O U F T M S X A
S A P U S G I L D F I O V E N T R U I O A T Z M E K N
P G H A I C C E R B K C C D U O W T M V W B B I U R I
H E S A B A I D S A H S R C X O C C Z E S L K T E T T
B O T W P T F N E L I X U Y M U K Y L K A V A E F A U
S B T N A W W R D K W R S R D O U T F L O W C V V M L
B K O S A T B B Q E G M T B D I O R I T E I B H A B G
C R L M P F K O A H R Q U N D P X W H X M R H J J O G
Z W N W B O B L A S T S A L C O R Y P U N J B N J R A
M H H F J Q T F U M A R O L E I X A P O T O C I T A P
```

AGGLUTINATE	COLLAPSE	EXPLOSION	LAVA	RIFT
ANDESITE	CONE	FIAMME	MAGMA	SCORIA
APHANITIC	COTOPAXI	FISSURE	MANTLE	SEISMIC
ASHFALL	CRUST	FLANK	OUTFLOW	SUBDUCTION
BASALT	CUMULATE	FUMAROLE	PACAYA	TAMBORA
BLAST	DIABASE	GABBRO	PAROXYSM	TEPHRA
BOMB	DIORITE	GEYSER	PILLOW LAVA	TREMOR
BREADCRUST	DOME	HEKLA	PLUME	TUFF
BREAKOUT	EFFUSION	HOTSPOT	PUMICE	VENT
BRECCIA	EJECTA	KATLA	PYROCLAST	VENT PLUG
CALDERA	ERUPTION	KILAUEA	RESURGENT	VESUVIUS
CINDER	ETNA	LAHAR	RHYOLITE	VOLCANIC

PUZZLE #52 – MILITARY STAFF

```
T I E R X C C Y N Y S W F O C R A S S U H Q G B N J M
R E S I Y I E A R I I S O U E H T K G Y O M R R K K J
A E I H D P I L U N S G P S R I A Y R E L L I T R A
C S I E U C A D G F S A I S F I D E N M N J O G X E N
K D M D I V E M J A S N G M A P L X F K C F O A C G K
E L O T A F A I P N S A F I Y S Y I P S E M K D L N R
R L C C E N F P K T R O F R E V F C E C L R O I E A Y
A A D N T W E H Z R E I D R A B M O B R O Q U E D R L
T R D U P R E R I Y W P G A O H I R M E K R T R A N A
A E S Q U A D S G V N E P T F B E R C S D M P N G O N
R N C I U R O Z U C A C H S R N B R F R R A E O I O C
S E N T I N E L E N O L O C N O O T A L P C R D R G E
P G C S J K V A T R D W L U C F D U Y B R R F M B A R
A R A I L E H E P D X R G L K O G J P E N V E P A R L
T E S G F H D S A S I G U S K N M F M A M Q G C M D A
H G S E Q F U Y I I J V A M A V D M K G T A J K O E A
F I A T G O O V N N R T I V M A D W A I N R R U R N W
I M U A R X F A V L V F X S O E K A C N Z Q O S N F E
N E L R R Y L N K C J A O E I N R R E A D C Q L H I J
D N T T O U T P O S T S S R P O S R C C R O Z K V A T
E T C S R E A R G U A R D I C L N I B A R R A C K S L
R L I E U T E N A N T Z X X O E P O H A R B I N G E R
F L A G B E A R E R Z D J U Z N B R B A T T A L I O N
```

AIRFORCE
ARMADA
ARTILLERY
ASSAULT
BARRACKS
BATTALION
BOMBARDIER
BRIGADE
BRIGADIER
CAVALRY
CHIEF
COLONEL

COMMANDO
CORPORAL
CORPS
DEFENDER
DIVISION
DRAGOON
DRUMMER
FLAGBEARER
FORT
FUSILIER
GARRISON
GENERAL

GRENADIER
GUNNER
HARBINGER
HUSSAR
INFANTRY
INVASION
LANCER
LIEUTENANT
LOOKOUT
MARSHAL
MEDIC
MERCENARY

NAVY SEAL
OFFICER
OUTPOST
PATHFINDER
PATROL
PLATOON
RANGER
REARGUARD
RECON
REGIMENT
SAPPER
SENTINEL

SERGEANT
SNIPER
SQUAD
STRATEGIST
TACTICIAN
TANKER
TASKFORCE
TRACKER
UNIT
VANGUARD
WARRIOR
WINGMAN

PUZZLE #53 – UK CITIES

```
R E W D M L H G L O U C E S T E R R R D Z F Z X P Q W N
K T M L E C O V D Y W Y K H U S E R O D T U W O T R E
M M R P I U X N T H C B F I U A O O K Z H M E R Y E W
I Y W W B A T H D V Y R R E D F A G Y J K G A T N X P
X L R E T S E C R O W E I I E E D N U D D Z A S S H O
F O E C H E S T E R N D N R S I G A K I L R E M E A R
N O T H G I R B L A S G E L D T R B R P E E S O R M T
O L S N A T O Q W I B H E U U F O B E L I T N U D A C
P R E T S E H C I H C E V L U T M L T Y F S A T O S A
Y E C S B S G O C H C H R P Y A O G S M E E W H N A N
A T I A H Y R D M O D L F D C E O N A O K H S C C L T
I S E F G E U G V H J N X I E Q W Y C U A C D I A I E
W E L L S N B E K R C F T D E E X O N T W N E W S S R
G H H E N O N C A R L I S L E L N R A H A I E S T B B
W C B B K T I S T I R L I N G Y D K L L O W L P E U U
L N N D R T D L E I F F E H S R O I R X G K S I R R R
F A R Y T I E C F W J G R T N W V E Q R F T Q M L Y Y
O M K F R N P A X B F L Z R O E D W H E A R R I E H V
Q X V T U G G R Y A J A L E R N E G Z L X J S J X M K
P P F E R H I D G O A S J P U I U V B Q B B I Y E R N
A A V O O A N I P O B G O S R O P A W L U G Q D T Z A
Q O Z S R M W F M E H O P I L L N O S R V H A D E E Q
H B R Y E D Z F J T L W U S L S S E N R E V N I R S S
```

ABERDEEN	CHICHESTER	HOVE	NEWPORT	SLOUGH
ARMAGH	COVENTRY	INVERNESS	NEWRY	ST ALBANS
BANGOR	DERBY	IPSWICH	NORWICH	STIRLING
BATH	DERRY	LANCASTER	NOTTINGHAM	SUNDERLAND
BELFAST	DONCASTER	LEEDS	OXFORD	SWANSEA
BRIGHTON	DUNDEE	LEICESTER	PERTH	TRURO
BRISTOL	EDINBURGH	LICHFIELD	PLYMOUTH	WAKEFIELD
CAMBRIDGE	ELY	LISBURN	PORTSMOUTH	WELLS
CANTERBURY	EXETER	LIVERPOOL	READING	WINCHESTER
CARDIFF	GLASGOW	LONDON	RIPON	WORCESTER
CARLISLE	GLOUCESTER	LUTON	SALISBURY	WREXHAM
CHESTER	HEREFORD	MANCHESTER	SHEFFIELD	YORK

PUZZLE #54 - PIZZA & PASTA

```
W L L J E R B J P A P E P P E R O N I J E B I P O P Z
T O P P I N G S P E L S P A G H E T T I P L J R N A C
K A Z L N C K C S D N F E E B K X J F W O A E O A R M
P R O V O L O N E X H N R A V Q D X B B L S I S P M C
B R U S C H E T T A W P E E I T W A M A E B A C O E H
R A P E S T O D W N R D J H D R C O P R D R B I L S B
I J A I U A J O N I R O C E P O R E P R A B U U E A A
C C R O U T O N M H D C A S N T N A E N N H C T T N V
O P A L L E R A Z Z O M O E S O C Q I S I P A T A B E
T O N R U L V M J N G C Q N I Q Z R I A R O T O N A T
T M O I A E L O G E D A N G A S A L T G A B I W A K T
A O B G R H B R N C L U O O Y M F S A V M H N M W E E
E D R A B C Y W P I L I O L M Q A I N C C B I X G F P
T O A T B I B S M L L I F O J P B I G O L I M A G E E
A R C O X T A C D S C U N B T I U C T K Z E A T U T R
I O F N P S M A L C K T T G L S E V I H C A L I N T C
S U C I V U S E I G G E V O U Z A R O S E M A R Y U I
U A V A E R S G C T M G I T J I X P G Z A V S E T C A
B M U U P S S O O U D V C W D B N L I Q Y S K H W C T
M C H S U E D I X N A M B P M Q P E G T N G P G O I E
A G G M A U R F G R A S C A P I C O L A N P W R Y N L
B F H V H G A S Y H A R R A B B I A T A B A U A X E L
S R I N I L E D E F T O R T E L L I N I L O G M Q Y I
```

ALFREDO	CALZONE	HAM	PECORINO	ROMANO
ANTIPASTO	CAPERS	JALAPENO	PENNE	ROSEMARY
ARRABBIATA	CAPICOLA	LASAGNA	PEPPERONI	RUSTICHE
BACON	CAPRESE	LINGUINE	PERCIATELLI	SALAMI
BAKE	CARBONARA	MARGHERITA	PESTO	SAUCE
BAVETTE	CHIVES	MARINADE	POMODORO	SAUSAGE
BEEF	CLAMS	MARINARA	PRIMAVERA	SLICE
BIGOLI	CROUTON	MOZZARELLA	PROSCIUTTO	SPAGHETTI
BOLOGNESE	FEDELINI	MUSSELS	PROVOLONE	STROMBOLI
BRUSCHETTA	FETTUCCINE	NAPOLETANA	RAVIOLI	TOPPINGS
BUCATINI	FILEJA	PARMESAN	RICOTTA	TORTELLINI
BUSIATE	GNOCCHI	PASTA	RIGATONI	VEGGIE

PUZZLE #55 - DESERTS

```
N A L I A E R O S I O N O D P Z C T P X K S C D P H K
Y B D J R N N G S C O R P I O N A A L G R I R Q A A I
F E N N E C T R S Y Y L A N N B Q T T E E A L A V D U
C A R A C A L E U X C Z E H T E A T P C Z C V R R R I
X X S R C U J T L H P R D T T M G I Z Z L G K O C R D
A R M A D I L L O O R O E D A R V E U X N A R O N O S
R F L H G L E L G A P P P R R U B V H E I W J X H U
Y L U A N I L Q B Z R E I D P O A P X T O R T O I S E
H P R S B A Y U C C A S L A M U M N W I L D C A T U T
H A C O R L M C V P K G L L F O E E T R A D H O N R O
A K G Y L K C I R P C S I S J E N V D U T L S S L B S
I R O N W O O D B K H B M A A R I A I A L V O T L E O
R M I U E G Q Y V Z I G V A O G I W N F R A T R N G E
M M H K P N H I H Z H E K H D C U N O T J Y G I A A R
M E S Q U I T E G N U R T A A D M A A A M H K C W S C
U H M E U D N A R J A E I C L L A K R W A D I H J L W
F S Y F G Z Z O L E H N A Y A A R X A O L L I T O C O
M I R A G E H Y I R U U O P A E H M X G H D J N V F B
V F K X L G V M Z B A K E O E D A A J Y A H S U C F A
V D L L I C A H A O I T V M K C I C R L L J E P R D R
R N E B Z H M Y R A A N A B A T K C X I A X Q W G V R
S A L T F L A T D D A L G T I B B A R K C A J R H M E
N S U T C A C X K C V J A A E Z T H X P S M P H H J L
```

ACACIA
ADDAX
AGAVE
ALOE
ANTELOPE
ARMADILLO
ATACAMA
BARREL
BARREN
BAT
BIGHORN
BUZZARD

CACTUS
CARACAL
CATCLAW
CHIHUAHUA
CHOLLA
CREOSOTE
DATE PALM
DINGO
DROMEDARY
EROSION
FENNEC
GAZELLE

GECKO
GERENUK
GOBI
HYRAX
IRONWOOD
JACKRABBIT
JERBOA
KALAHARI
LIZARD
MEERKAT
MESQUITE
MILLIPEDE

MIRAGE
MOJAVE
NAMIB
NEGEV
OCOTILLO
ORYX
OSTRICH
PRICKLY
SAGEBRUSH
SAGUARO
SAHARA
SALT FLAT

SANDFISH
SCORPION
SONORAN
TAMARISK
TARANTULA
THAR
THORN
TORTOISE
VIPER
WADI
WILDCAT
YUCCA

PUZZLE #56 - HOBBIES

```
K O O B P A R C S C O L L E C T I N G C G Y R Y T S E
I R U O K R A P J O U R N A L I N G B N A S O G P E D
M I S C U L P T I N G N I T T I N K I G G M C X V W I
A G L B D S S V Y G O L A E N E G W B N C U P N R I T
K A Q E I B I M P P S I S L X Y E X I I F A U I H N I
E M O N S G O N C H A T N D H R L H X K R K R G N G N
U I E U W N V L G O L B O N B D C Q I A M D Q V R G G
P T Y M O I A F N I O J B A R T M E R B B E W N I P A
Z O R R B D T T I J N K E C I G E A C T I N G A X N G
V K T E T A T I D E M G I T U Y T F A S H I O N T N G
V S E R M E L M O M V C S N G F A D D Z B X A I I C O
A S O O A B S C C O C G F O G I L O P D Q J Q N F M H
X E P R I D J H Y D D G L S W L W L I R E U E S X F I
O H B Y O E N R L E S O A Y A M O L F B I D H B A S G
H C E L M B A A M L X H I Z P I R H N N R T V V V Y F
C E P G O D O U S I W O T P J N K O G A P O T T E R Y
R G F U I G I T M A W T R A A G E U G Q U A D B A L L
O L A P Z R G N I K I B A Y N I N S G E O C A C H E X
C C A M A Z I I A C C G M R Z Q N E D A N C I N G W A
H L N R I S L L N Y S Q V V O Y R T E P P U P C J E Q
E N R U T N I E M G X W Z W F T C S I N T M R K K J V
T E T P F N G F S W O O D C R A F T G N I T F I R H T
T S K E T C H I N G N I T L I U Q J W Y G N I T I R W
```

ACTING	CANDLE	GAMING	MIXOLOGY	SANDART
ANTIQUING	CARVING	GARDENING	MODEL	SCRAPBOOK
ASTRONOMY	CHESS	GENEALOGY	ORIGAMI	SCULPTING
BAKING	CODING	GEOCACHE	PAINTING	SEWING
BEADING	COLLECTING	JEWELRY	PARKOUR	SINGING
BEES	COOKING	JOURNALING	POETRY	SKETCHING
BIKING	CROCHET	KNITTING	POTTERY	STITCHING
BIRDWATCH	DANCING	LAPIDARY	PUPPETRY	TAROT
BLOGGING	DOLLHOUSE	MAKEUP	PUZZLES	TERRARIUM
BONSAI	EDITING	MARTIAL	QUADBALL	THRIFTING
BREWING	FASHION	MEDITATE	QUILTING	WOODCRAFT
CAMPING	FILMING	METALWORK	ROBOTICS	WRITING

PUZZLE #57 - PACIFIC ISLANDS

```
N F P C F C A C F D O Q F M J N O S R E D N E H F Z G
P U I M N Q R Z U D V N A L I T U O N O N V F Q W Z S
N O T S N H O J B Y S R O K I N N Y F U I V T K N G T
T A C P R W R K P O A N U T K N S O L O M O N D U B A
O F A Q W E A R C K B N I U O K T W O F C N B A P U B
R W I F R B E I E A A A T V P A L Q T F M A M D A T I
B F R E U J E I C U D A I O S A S E U Q R A M C L A T
G E N G M T H X L K U H H R X B B U K C M B A H M R E
Y Y T F Y F U A K N G N A W I Y Y I U E E O R U Y I U
I P R I Y M V N A V P Z T A B K R N B N M R S U R T E
D W A M O U F V A E N I V K Y I I A W A H A H K A A A
Q F E H T A B A I A N G O E B O K U K U G B A F U R Z
Z T A N S L O M A C T E S A H J T I E R A O L C I I X
T O N G A E R U A J K O T I T O N M N U M R L A E J E
A P A S N K L X K J G I O T M B U A Q I B A S R A G I
K J M Q A O Y L U U U G K A Y B M L D V I F J O S W J
W K A H I T T V N A I R U K V D O D F T E A S L T G A
U A T Y A D U O A G R T O K N U O E I A R S K I E Q D
T O L B M W P Y R Y A P O A Q I R N J V N S B N R E K
W C M L Y Y Y F U A A A A S L X A K E O I R V N Q E P D
T L L O I S P V L G R W Z X D K A S A M O A I W I T T
S X E E W S K M K A O T D I A J B H C S F Y Q N T W E
M Q S Y I W M D E H U C V X C T J L H J Y A U P G H V
```

ABAIANG
ABEMAMA
ARANUKA
ARORAE
BAIRIKI
BETIO
BIKINI
BORA BORA
BUTARITARI
CAROLINE
CHUUK
DUCIE

EASTER
FANNING
FIJI
FLINT
FUTUNA
GAMBIER
GUAM
HAWAII
HENDERSON
HOWLAND
JARVIS
JOHNSTON

KIRIBATI
KOSRAE
KURIA
MAIANA
MAJURO
MAKIN
MALDEN
MARAKEI
MARQUESAS
MARSHALLS
MOOREA
NAURU

NIKUNAU
NIUE
NONOUTI
ONOTOA
PALAU
PALMYRA
PITCAIRN
POHNPEI
RAROTONGA
SAMOA
SOCIETY
SOLOMON

TABITEUEA
TAHITI
TAMANA
TOKELAU
TONGA
TUAMOTU
TUVALU
VANUATU
VOSTOK
WAKE
WALLIS
YAP

PUZZLE #58 - US STATES & CAPITALS

```
C Z F R T K B V D G H D E E M G J A I N R O F I L A C
N O S R E F F E J I T G O S U B M U L O C U R T L Y S
T A N A I S I U O L Q M U V U S P C A G T F T N T Y
O W O N M G P W T G K C O R E L T T I L S Z F T U R K
P G G A E F A T N A S K W L O R T U Z D A K O P G C C
E E E T Z C P F C N E A V R I C H M O N D K A Z R T U
K S R N T N T G Z F Y N E E S S E N N E T U V A U H T
A I O O D L E I F G N I R P S I O N I L L I M A B A N
C L M M S X R D C M D O M K V H H N D O R S K N S R E
Z O G P M I N H E U A N O Z I R A H Z G I S N N I T K
N P L D L A B L U M T O N O S G D W I B A J T E R F D
R A N U L R A J O T D A T F I P I N A R N V R W R O E
L N S Y M S B H I A A R R H I Q I M B S T V O Y A R L
B N R H V B A O R N H H C K K A N E L E H P F O H D A
N A L T V L I O I O D I D G A F N Y X N M I K R R U W
M G K K K I L A A S M I M Q F N I A L I I F N K B L A
T L Y O Z O L Z D K E A A A U Y S D D O N L A G R U R
U L Y S C V B L L C K L F N I Y Y A J M N O R K T L E
C H E Y E N N E E A A A E G A N X V S S E R F H L O A
L A N S I N G R R J N B L E K Z E E B E S I V L Q N N
W I S C O N S I N O S A I Y F C N N D D O D F H R O P
C A R S O N C I T Y A M W Y O M I N G Z T A F A K H M
R I H R B R R T H M S A G Q B Y Q A P V A Q P A E H Q
```

ALABAMA	COLUMBUS	ILLINOIS	MICHIGAN	SANTA FE
ALASKA	CONNECTICUT	INDIANA	MINNESOTA	SPRINGFIELD
ANNAPOLIS	DELAWARE	IOWA	MONTANA	ST. PAUL
ARIZONA	DES MOINES	JACKSON	NASHVILLE	TENNESSEE
ARKANSAS	DOVER	JEFFERSON	NEBRASKA	TEXAS
BISMARCK	FLORIDA	KANSAS	NEVADA	TOPEKA
BOISE	FRANKFORT	KENTUCKY	NEW YORK	UTAH
CALIFORNIA	HARRISBURG	LANSING	OHIO	VERMONT
CARSON CITY	HARTFORD	LITTLE ROCK	OKLAHOMA	VIRGINIA
CHEYENNE	HELENA	LOUISIANA	OREGON	WASHINGTON
COLORADO	HONOLULU	MAINE	RICHMOND	WISCONSIN
COLUMBIA	IDAHO	MARYLAND	SALEM	WYOMING

PUZZLE #59 – DOGS

```
S A F G H A N S E T T E R S I L E O N B E R G E R X Z
W P G J J H G O D L L U B K C E J S R J Z Y Q P E I V
H F A X A Z F R B W T F U P G I J N E S A B S A I Y S
I Z A N R G E H A U L L Q R A I O P V T I K S P R R B
P D F K I H Y G S F A B R I A R D S E T L W D I R U Q
P C R I P E J E S S S H I H T Z U D I J E A S L E T S
E R V E W C L E E B N X R L P N N J R N N Y M L T C F
T E H O S O H I T B E T L N N U X I T W N A W O H C X
R S F G D L B E A P N L I X H J I J E F E K J N H N G
E E M I U L R G R A O O G S S X C P R A K N A D O Q G
F G O U D I Y I I D Z O H I S H A R P E I U I O A I N
Z N O A T E N T D R I C D G A Y K S U H Z I K N R H R
N I R A V T A G O G A N J L N N D Q K E Y H B U A J O
O K G N P M I B H D E Z G A E O P F R Z K U C T H C T
S E G J L V L X W K R B T J N A V Y M E L T S P P C T
W P G A X H O M G H E T A Y T V I Z S L A J U O A S W
F A D L A Q T D K W I E T C I P W K M C N R F I U A E
K G O S Q A A W P R R W S S K I I A A H E N E N L U I
A L A S K A N M B E R A V H F M S I R B P I C T J R L
A K I T A N A Q Z X A J N Z O T R S R S S U F E X R E
S A M O Y E D N U O H E T Z I N V E P D S I G R O C R
M A L A M U T E I B W X S F H O D S H E E P D O G C W
G R E Y H O U N D S Z C F B I C H O N D O B E R M A N
```

AFGHAN	BULLDOG	GREYHOUND	MASTIFF	SALUKI
AKITA	BULLMASTIFF	GROOM	MUTT	SAMOYED
ALASKAN	CAIRN	HARRIER	PAPILLON	SCHNAUZER
ANATOLIAN	CANINE	HERDING	PEKINGESE	SETTER
BASENJI	CHOW	HOUND	PHARAOH	SHAR PEI
BASSET	COLLIE	HUSKY	POINTER	SHEEPDOG
BELGIAN	CORGI	KEESHOND	POODLE	SHEPHERD
BICHON	CUR	KENNEL	PUG	SHIH TZU
BORZOI	DACHSHUND	LEONBERGER	PUREBRED	SPANIEL
BOXER	DALMATIAN	LHASA	RETRIEVER	TERRIER
BRIARD	DOBERMAN	MALAMUTE	RIDGEBACK	VIZSLA
BRITTANY	ESKIMO	MALTESE	ROTTWEILER	WHIPPET

PUZZLE #60 – INVESTING

```
N C S H O R T J Y N N E P I U L C I N P N W D A R I V
V O R K G W I F G O G K H N Y S E S I O P I C L C N K
T O N Y C Y I E S O X S K C T F H H I B U Y O U T D B
B U L Z P S B U Y B A C K O I A C S T Q F M F J Q U J
D E K A R T E U C U S M C M R E S C C L Q J H J I S H
S P N E T S O A T F P K W E U E Y X Y V A Z B V O T O
H P V C N I F V Y T E V I L C T G R I T S E A D X R L
R I Q E H U L C A X C T B E E G A R E V E L W R E Y D
D L P U G M B I E T U A R N S U Y G R S E C T O R N I
L X H K N T A H T G L E M X T T D N D R I S K O O A N
E G D E H D U R L Y A O O C I U O P E L G H I I F R G
L A U T U M E T K V T S A U B I C N B E I L T C T B S
A Z D D D A R R A O E A Q C T Y I F T D O P H Y T I Y
T S Y D T A W L W M D E X A H G P J C F O W V S U T W
I A S N D X U J I R J O L L R Q D H T D E Y E E W R S
P M I E K A H M I J I F Z A Y F T R R F F R L R J A C
A U R D T B H F F T N T M I D O O P B A E W V U Y G R
C K F I L O S S U I I M E L R P I Q R T T I F T A E E
O T O V B U L L N C N L A R O O I M N O R E T U R N D
E N N I A B R R D D D C C V N C I W Z F E S F R M I
L P J D C N V A I L E I Z F W G G T J S W I G Q Z I T
L I Q U I D I T Y E X C U S T O D I A N S V T H J M O
X I A H X Q O C D E F L A T I O N F G Q N S F J D Y G
```

ACTUARY	CRYPTO	HEDGE	MARGIN	SECTOR
ARBITRAGE	CUSTODIAN	HOLDINGS	MUTUAL	SECURITY
ASSET	DEBT	INCOME	NAV	SHARE
BENCHMARK	DEFLATION	INDEX	OPTION	SHORT
BLUE-CHIP	DIVERSIFY	INDUSTRY	PENNY	SPECULATE
BOON	DIVIDEND	INFLATION	PORTFOLIO	STOCK
BUDGET	EQUITY	INTEREST	PROFIT	TRADER
BULL	ETF	IPO	RECESSION	UNDERWRITE
BUYBACK	EXPENSE	LEVERAGE	REIT	VALUATION
BUYOUT	FOREX	LIQUIDITY	RETURN	VOLATILITY
CAPITAL	FUND	LONG	RISK	WEALTH
CREDIT	FUTURES	LOSS	ROTH	YIELD

PUZZLE #61 - LEADERSHIP

```
S A G E M L M I N I S T E R O H Y Q S Q A N U S N G I
T R C Q I E P O P I Y R A Z C X Y C H G R M U O D C O
A I H L Y G N W G U I D E S C B G W O L O L R L I O P
T G A Q W I R M J H K I T I H P N G G G T V V T P N M
E T N Q E S I U Q R A M A R M M Q C U A C K E R F B V
S F C Q W L P J J V Y H T L B E Y L N E E O E R F O A
M P E C C A P U K C X F N A H K R S S J R S X U N J Z
A O L U A T T Y C O O N E G G H M P D A I M Y O A O F
N L L H L O S L A D W Z T A M O L P I D D S H R M V R
G I O C I R B R S R Z R O S I V D A E C S C A E D G E
C T R R P B O Z O V V K P Q S H L N R O R H T E A W C
O I Z A H L B V G Z I N E U R S T A B A A A J N E D N
U C V I Z I E R E T A C O V D A S P I M R R B L H X E
N I K R E G E N T R H R O E A T A R I T H O N C H O U
C A K T L V O X A U S L W M Q T T X S O E T A D G H L
I N D A E E E L R L Y E H V T A M I T C N N M R W W F
L I A P A H L S T T A C E Y M E G Y N J M E S O M G N
O P L Q D H D D S S R W V R D A P I Q N A M E L S B I
R G B S E S Y A E A I Y M I M L R G W R G X K R H I H
M N L L R X H E N R A A A P C C L U N Z O A E G W
C I J K H H Z O D H P T D J K M A Y O R A U P W I W L
U K A E X Z M E N V O Y A A I E G N C A T C S A K I U
O R G A N I Z E R R Z R S Z R Z R V M N E S C W H G Q
```

ADVISOR	ELDER	MAGISTRATE	ORGANIZER	SHEIKH
ADVOCATE	ENVOY	MAGNATE	OVERSEER	SHOGUN
BIGWIG	GOVERNOR	MAHARAJA	PATRIARCH	SIRDAR
BOSS	GUIDE	MARQUIS	PIONEER	SPOKESMAN
CALIPH	HEADMAN	MATRIARCH	POLITICIAN	STATESMAN
CHANCELLOR	HONCHO	MAYOR	POPE	STRATEGOS
COUNCILOR	INFLUENCER	MEDIATOR	POTENTATE	SULTAN
CZAR	KHAN	MEGAS	PREMIER	TSAR
DAIMYO	KINGPIN	MENTOR	PRESIDENT	TYCOON
DIPLOMAT	LAWMAKER	MINISTER	PRINCE	VICOMTE
DIRECTOR	LEADER	MOGUL	RAJA	VIZIER
EARL	LEGISLATOR	MONARCH	REGENT	WARLORD

PUZZLE #62 - CHEESE

```
S K L M O K Z V Q M U N S T E R C R Q S V L Y K U V X
K C F S H Q A U G A R R O T X A A A L K W B X J B D R
E N A I H N E S T A L E G G I O N C W Y L I B K E F L
F E R M G S J I H U G K L F Z V T L F O F D S O I J K
A U E U O E J Q E K V P R J A I A E C I V G R S I U W
L F I B G R K Z G M A O P C Q L L T L I M B U R G E R
O C V R A Y Z O O J M V H Z V V E T C H E D D A R E L
T H A I S Z U A R A A E A L A K C E G R E B S L R A J
Y A R A P D W E G B R Y N L N A L I V A R O T E B C U
R T G C A Y M E O I E L D T M U E S U J Q C Y A R R X
I E B O S M N N N O O E C E A I R M C V F U Z F E O O
X L W K O B D O Z E O N M M R L V A O D R A S I B T D
Y M K T H A G M O N T B D B I C L D B G I R S O L T E
F A J B N A N I L M E H P X U L B E B D I E B R O I S
Z W B C I T K O A R P E I N I O A M I O R I D E C N H
L L E S Q G B N T V B Y I T U U Z D B V U B I X H H A
B A A M J T S A T L G W E L F Y I A E Q K R R H O A L
P U G R K A S S E R I T E O J Y J H N N W O S R N V L
N G R U Q R G U L F T T R Y M I C I Y R R M Z I O A O
K R X R I X L G O P T T S E T R O Q U E F O R T N R U
M A Z Y A O L A T E F D O O J M C A B R A L E S P T M
E Q J G S T L R O G E H C N A M B M G R A N A B C I I
Z V I M A P A E C A P P E N Z E L L F O N T I N A Q D
```

ABONDANCE	CHEDDAR	GARROTXA	KEFALOTYRI	ROQUEFORT
APPENZELL	CHEVRE	GORGONZOLA	LAGUIOLE	SAPSAGO
ASIAGO	COLBY	GOUDA	LIMBURGER	SARDO
BEAUFORT	COTIJA	GRANA	LIVAROT	SCAMORZA
BLEU	COTOLETTA	GRAVIERA	MANCHEGO	STILTON
BOULETTE	CROTTIN	GRUYERE	MORBIER	SWISS
BOURSIN	EDAM	HALLOUMI	MUNSTER	TALEGGIO
BRIE	EMMENTAL	HAVARTI	NEUFCHATEL	TETILLA
BURRATA	FETA	IDIAZABAL	QUESO	TOMME
CABRALES	FIORE	JARLSBERG	RACLETTE	UBRIACO
CAMEMBERT	FONTINA	KASHKAVAL	RAGUSANO	VACHERIN
CANTAL	FROMAGE	KASSERI	REBLOCHON	VALDEON

PUZZLE #63 - MILITARY LEADERS

```
C D P V J J V N S C I P I O Q K C E L N I H C U A O R
Y L P C N O A P I L S U D S K I I I G B J V P C G M W
I F I L X M F M S D A I W E G W U T C L E E Z O N E K
V Z V V I S H F U B Y E L D A R B U C H X C T O L S R
X Y E E E U W D R R X M L A C T N O M H P D S L U O I
G W L K R L B J K E A V S I R A C V G U E L I I M A D
I U E T V L T I M U R T S T L H T A H K E N R M L R G
S J B L V A G I N E Y K N L N A S D U N G A E I G A E
P F O O H D E G A U L L E I M N B T P T S L T R U D W
F K K M E P J F T L N P M P N D H O I E T N U D E A
E I S E N H O W E R B M L O H I E N L N A E A P E T Y
M A C A R T H U R Y T U O T X B W E J P E D R G R Z U
H I N D E N B U R G D E K N F A B K Z Q O W G N I K B
S A L A D I N J R E D N A S Y L U P B H N M A E A Y P
E F J O N Q T G N A M R E H S T D L E I U V P L N U A
D C J B S H A D Y D H L W R U Q Ü H E R O K T E L A L
A B N Z E L O I C X R R T Z C C K T B R S V O A Y N E
I Q B C U R Z L N U T F O C H Z S L O Y H H S V O U X
B F K Y F E T A R K S V W E M N J V N A A K I T R S A
I I E F F S I H G N E G R L A R U Y F P I X T N H L L
C R K T W D M K I N A A Q M O S F F R Z G A N A G I D
L J J O P L I D A E C O R N W A L L I S P L M J O M E
A H I M T E N I C H R T X Y A M A M O T O N P J L J R
```

ALCIBIADES
ALEXANDER
ALLENBY
ATTILA
AUCHINLECK
BELISARIUS
BERTHIER
BLÜCHER
BRADLEY
CLIVE
CORNWALLIS
DAVOUT

DE GAULLE
EISENHOWER
FOCH
GENGHIS
GRANT
GUDERIAN
HAIG
HANNIBAL
HINDENBURG
JOFFRE
KHALID
KITCHENER

KUBLAI
KUTUZOV
LEE
LUDENDORFF
LYSANDER
MACARTHUR
MANSTEIN
MILTIADES
MOLTKE
MONTCALM
MURAT
NELSON

NEY
NIMITZ
PATTON
PERSHING
PILSUDSKI
POMPEY
PULASKI
RADETZKY
RIDGEWAY
ROMMEL
SALADIN
SCIPIO

SHERMAN
SKOBELEV
SLIM
STONEWALL
SULEIMAN
SULLA
SUVOROV
TIMUR
TOGO
WELLINGTON
YAMAMOTO
ZHUKOV

PUZZLE #64 - WINE

```
S R X V A D Q D F K G P S N H A C D R C M L T K P R V
A B A I J R J T L G W Q G C S W A K N H C U X A E A E
U T R N S W M R I O J A O S O E V Z T E I E S I E Z R
T O Y T J H Z A R I H S O C T R A L D N V V N T Q A D
E O I A D R K H G H O R E A N J K F E I R G L J C H I
R Y U G A N O B C N A G R A E E P X I N O U M J E T C
N K H E S N H H M B A E L O M R B M G I S T E N K L C
E P Z Z E Z R E T N A C E D I D P P V H Y M A D J A H
S I K R P T T J O E O A U E D B R V A E R P U N A B I
Z Y I C A B E R N E T S S X E O M R E B A Q Y S N M O
F O N E B B I O L O Z L E B S G O U R R H S E A C I E
L V I N E Y A R D P I A H E A M O S E L E T A T F A N
C M E R L O T A W N A R C M A L B E C M Y Y S C N M T
B H X Y G A G A G D K C A L V B G Q I A T G T L C A N
N O I Z N R W M T C O Y N K I O O L Y I C O S A N D O
Z Y R A B I Q A M E D U E D N Y L D D G A L N R Q E M
E R F D N F T R Q A R J R K T O B I E M T O N I P I D
A C B T E T G O N E C R G O N U C P O G C N A F L R E
F K H B F A I N C V C E O M E A C N W A A E J Y J A I
Z Q W R Y O U E R R N X R I R W O H B C Z O J J D M P
B A R B E R A X G N I K C A R S E F O R T I F I E D Y
F E R M E N T B O U Q U E T A L B A R I N O H Y D N
A P P E L L A T I O N N O H L E D N A F N I Z O Y G B
```

ACIDITY	BORDEAUX	GAMAY	OENOLOGY	SHIRAZ
AERATE	BOUQUET	GRENACHE	PIEDMONT	SONOMA
ALBARINO	CABERNET	LOIRE	PINOT	SYRAH
ALSACE	CAVA	MACERATE	PROSECCO	TANNIN
AMARONE	CHENIN	MADEIRA	RACKING	TERROIR
APPELLATION	CHIANTI	MALBEC	RHONE	VERDICCHIO
ARMAGNAC	CLARIFY	MERLOT	RIESLING	VINEYARD
AROMA	CORK	MOSEL	RIOJA	VINTAGE
BALTHAZAR	DECANTER	MUSCAT	RUEDA	VINTNER
BARBERA	DOURO	MUST	SAUTERNES	VIOGNIER
BAROSSA	FERMENT	NAPA	SEDIMENT	YEAST
BODEGA	FORTIFIED	NEBBIOLO	SEMILLON	ZINFANDEL

PUZZLE #65 - CANADIAN CITIES

```
H X L R D S Z B N D E L L I V E L L E B G A O H R M T
A I L L I R O Q R S I W S G R A N B Y K U O L A K P M
L N P V L S K N R A M B U A N E R W E E E P S M G E P
I O W N J E K O R B M E P A I O L X R Y L V J H A G H
F T E O W J H D K A C P N K M N H D R E P W H P A L F
A K N L L E N S E U Q A T O I S T M U B H I B U E W D
X R A U T E I B E K I D N O H X U J S Q Z N R V N U A
L O R I L F K R K M N T E R N I Q D O T B D I E O A E
A Y H L Y O N O O J C C Y B A N R U B H B S Z G W S E
E W C W B O F S L K Z O T N O R O T R U N O Y R T A K
R N O O T A K S A S O C U A D M I N O G R R L E Q U O
T M C C E E R A A C B T U R H S N K O L A Y V V C A O
N G N H I E W R Y S A L O C T O Y G O D D A N I G E R
O O Y R E U E D O E A L V K T E A R T N N S G L T N B
M K R D O V Y G H O L Q G L S M N P G O O A O L V I R
M A D K T J B B H R D L I A L A E A D M T Q R E F T E
B E R Z T I U L A Q I M O M R M U E Y M S R U B I A H
R E D N A G R X I Q A Z T W Y Y G G Q U G L O E Y G S
B L W K W M N A S H X M A H K R A M Z R N D A U B O T
H I R F A L E T H B R I D G E N S T C D I O S V Y E W
T K A M L O O P S V I K S U O M I R K H K R Y Y A N C
V S M C K I P N O T C I R E D E R F S P P Q E Z B L M
E D M O N T O N I P P N O T C I T N E P P Z Y T A V S
```

ALMA	DRUMMOND	KELOWNA	ORILLIA	SAINT JOHN
BARRIE	EDMONTON	KINGSTON	OSHAWA	SASKATOON
BELLEVILLE	ESTEVAN	LAVAL	OTTAWA	SHERBROOKE
BRAMPTON	FREDERICTON	LETHBRIDGE	PEMBROKE	SUDBURY
BRANDON	GANDER	LEVIS	PENTICTON	SURREY
BROMONT	GATINEAU	MAGOG	QUEBEC	TORONTO
BROSSARD	GRANBY	MARKHAM	QUESNEL	VEGREVILLE
BURNABY	GUELPH	MONCTON	RED DEER	WEYBURN
CALGARY	HALIFAX	MONTREAL	REGINA	WHITEHORSE
COCHRANE	HAMILTON	NANAIMO	RIMOUSKI	WINDSOR
COURTENAY	IQALUIT	OKOTOKS	ROUYN	YELLOWKNIFE
CRANBROOK	KAMLOOPS	OLDS	SAGUENAY	YORKTON

PUZZLE #66 - US RIVERS

```
S P D U H X A G N M F V K A N A C O S T I A L K O S P
O A O O Z A Y D W E I S N L S A V A N N A H X R X P G
Z N B T I D J S A K M S U L I P P I S S I S S I M O M
A E S I O U B T V A X L S W T C F X X B Z E A U H K C
R H W B N M H H E N L K F O A P K J T T B N W S P A E
B C F I E E A D N S G K H G U N V I K H A E A C E N S
Y A A Q R J N C S U G A U V O R N S T N X B M E N E U
J T H V H A C A N F X A L N J H I E A A A C E D O T V
A P O A R S J N O A D Q O S R I K T E W T J R A B T U
T R I G J M I T I A N K L O E E K C U R T T R R S E W
W R O C Y S A I L E U T S J N K Z J H V X S I D C M E
Q I I M O Y W U I Y Q A A N G C L C B O I Z M W O A W
R E W N J N P H M Z G S E H Y I N M G W J I A A T L G
J X M P I E F C R E E B V R A I L A N N S S C W W L U
W S H Z S T N X E G E A T I L L C A A Z H L K J D I Y
G I Y H V I Y M V C S I A C N I A P M I A M I C T W P
V L N E W A T E R E E B W E H E M E T R J R R O Q D X
N L G O L P E C O S W M E C W A K A N A W H A N R U D
Z E P P O H M H T A M A L K Y L E H I G H S U G E V B
W W U K G S S E T U H C S E D E C R E M E R Q A A J K
D O H S Z R K A E V J S P L A T T E T M B C P R Z I I
V P G F E S C I B K E E N I N O R R A M I C M E S Y N
H O U S A T O N I C E C R B D H T J K R H F U E Z Q G
```

ALSEK
ANACOSTIA
ASHLEY
BRAZOS
CATAWBA
CEDAR
CHENA
CHICAGO
CHUITNA
CIMARRON
CLINCH
CONGAREE

DESCHUTES
ESCAMBIA
FEATHER
GILA
GUADALUPE
GUNNISON
HOUSATONIC
JAMES
JUNIATA
KANAWHA
KENNEBEC
KLAMATH

KLICKITAT
LEHIGH
MAUMEE
MERCED
MERRIMACK
MIAMI
MISSISSIPPI
MISSOURI
NANTAHALA
NEUSE
NIAGARA
OSAGE

PECOS
PENOBSCOT
PLATTE
POTOMAC
POWELL
RIO GRANDE
SABINE
SAVANNAH
SNAKE
SPOKANE
SUWANNEE
TANANA

TRINITY
TRUCKEE
UMPQUA
VERMILION
WABASH
WASHITA
WATEREE
WILLAMETTE
WINOOSKI
YAMPA
YAZOO
YUKON

PUZZLE #67 - FLOWERS

```
H S U H T N A I D R A Y R S S T Q N G G C Y Z Y T T P
S E M R E T S A C J A S M I N E J G A L A E L A Z A G
Z U L Y U L E U M D I Z F F P J E U R A N E B R E V E
L I N L I V I P E S N P E T U N I A D K D D S R C D R
J L I F E B D O W S N A A G C L R R E I Y H B O O A A
F P M R L B S V T D I E L P R S O K N D T L C W R F N
D R E A O O O L K R Z U U W E X R V I I U Q N D E F I
R P E O G K W R Y Z O S D U T S R N A E F M E Q O O U
K Q Z E N N L E E Z I P N C T U S O B S T Y H Z P D M
C Z I H S Y O Q R T L W E P U T U E A O M Z B F S I S
O R M O F I S L A T A I L E B O L O O R Q M P R I L A
H J O V U O A M I L V K A X O L R D A M T R F E S E S
Y H D C M I E R L A N E C X N C Z F O I K G Z K P X Y
L Z I S U L I F H L I L Y V H J H Z L R L C W T A Q G
L E O W C S L Y L I F K A I N O G E B P A H E A M L O
O C U H C O A L S B L C D A I S Y O C R R E A E A L S
H H K O W C L M R N N C O L U M B I N E W F T D R A A
J S N E I T A P M I A P P J U K H A R S M X I A Y R L
M O R N I N G A V B R P H O Z D T J S E C O U N L K V
Y W T I W I S T E R I A H L P I C A M E L L I A L S I
H H P R U E M L U P I N E B O P T J T U C M B R I P A
U K A E M U I T R U T S A N K X Y Y S G L O R Y S U D
L N A N B E L L F L O W E R A N G E L I C A A F D R A
```

AMARYLLIS	CLEMATIS	GLADIOLUS	LOTUS	PRIMROSE
ANGELICA	COLUMBINE	GLORY	LUPINE	ROSE
ASTER	COREOPSIS	HELIOTROPE	MAGNOLIA	SALVIA
AZALEA	COSMOS	HELLEBORE	MORNING	SUNFLOWER
BEGONIA	CROCUS	HOLLYHOCK	NASTURTIUM	SWEETPEA
BELLFLOWER	DAFFODIL	HYACINTH	NERINE	TULIP
BLUEBELL	DAHLIA	IMPATIENS	ORCHID	VERBENA
BUTTERCUP	DAISY	IRIS	PANSY	VINCA
CALENDULA	DIANTHUS	JASMINE	PEONY	WALLFLOWER
CAMELLIA	FREESIA	LARKSPUR	PETUNIA	WISTERIA
CANDYTUFT	GARDENIA	LILY	PHLOX	YARROW
CARNATION	GERANIUM	LOBELIA	POPPY	ZINNIA

PUZZLE #68 - MAMMALS

```
U F B A Q I L V P R P W C R A U G A J S X B D V A R S
P M I H C E E H Y B B O A N D I H C E U C P I O D G H
O Q Z U S N M Q U M H C R G M E L E O P A R D S L T E
S Y T A O E A U X M C T B P Y H D L K Y L E E N O S E
S F E W A R C W Y O A H W A O Z J O R T A G Y V L N P
U W E R H S A B O W V N O E B I C M J A P D V L A Y J
M R A B B I T N H S F W M G E O S V P L M A W C F E L
A N T E A T E R G B I Y B T C M O E M P I B L H E F B
C B A I D Y C S O U B W A A X I Z N O O I X E V Z S C
E U U W U F P U K A T N T L Q Y N G U T H F S W T H C
H I P P O G T E L U M A S Y U G D X S T K O Q L O C B
W O L F B I G L D D N L N O E E O O E K D F Y U S V R
A S M Z I P A K O G O K L Z X F N A W B A G Y R A E D
X Z N Y R W C E S T Z Y O T E F K M D O O N D N T Z Z
L L A M A F H Z H G O R I L L A E N O H C L G T T R E
A B R F C E E D O C D H H K B R Y E E N E R O A W D B
K L F F L R E V R P A N G O L I N G O R K C H A R U R
C G Y F B R T I S R L O L U R G D N R W B E K I P O A
A I H L V E A I E P A H V U B E O I S N M O Y I N A O
J B D X T H N E T O N M Y H Z U A L P A C A S X O D
L B E V Q J R T O Z K E E U H Q V Z K X E A N O H G L
R O T I I W A F I X L L P Y S P O S W D Z K F Z Z M U
A N E D N K T J D L L K Q R H U D O G L N I M N F C I
```

ALPACA	HIPPO	HORSE	MONKEY	RAT
ANTEATER	COW	HUMAN	MOUSE	RHINO
APE	DOG	HYENA	MULE	SHEEP
BABOON	DONKEY	IMPALA	OKAPI	SHREW
BADGER	ECHIDNA	JACKAL	ORANGUTAN	SKUNK
BEAVER	FERRET	JAGUAR	OTTER	SLOTH
BISON	GIBBON	KANGAROO	PANGOLIN	SQUIRREL
CAMEL	GIRAFFE	KOALA	PLATYPUS	WALLABY
CARIBOU	GOAT	LEMUR	PORPOISE	WEASEL
CAT	GORILLA	LEOPARD	POSSUM	WOLF
CHEETAH	HARE	LLAMA	RABBIT	WOMBAT
CHIMP	HEDGEHOG	MOLE	RACCOON	ZEBRA

PUZZLE #69 – MIDDLE EAST

```
Q R K N N B A O M I F N A L O G Z O N N A R T E P S E
G L R O T E E E C M A I W T S T T A M M N U P W Y U N
X D D I S H L D B D T L J W U T H Q A R I H D X F E T
F I O D P A U E O F A E T R O A P N Q U D R G Q Y Z E
S G A H S L B M L U H U I M F A A K A A E B Y N T U U
U E T U A L N X Q G I E A S G M R E A R M V E Y I Z P
D I R U M A A N I G B N I H P B S A M R H D R U Z E H
T E E Z A M T E R W Y C S P S D A O B S B E V G F J R
J L Z M H A S I R G I T U S E A O S Z I A A T M T L A
J H I E S R I M E D E A N R N D L O R E A N L I V P T
A L A W I T E B A R I N N E Q H D P M A S N A A C K E
P A H L A V I C J R T E I O A G J E D D A H M A G L S
K U R D S N V J Y N T T J L N A R A N K A R A B J S A
U B P J K R W S V W N A P W W B P F U Q S R I Y A D H
J U K Y K B Y S X I A N U S I S N Y U F Q A O D A C I
L M Z N J X U E R K S Y D L V R A Y U H Z S F R C C S
E Y A Q A C C D H O S A L I R A N U S E Y A S A Q Z H
S M H T S M E C C A E H E O S D L D D U B B I G V K I
O N C A R W M X F Y R U V C O A O L E I K S N A E I A
F L M Q S F Q A T V J F A H E Z B O L L A H A G E N D
O A A Y A T O L L A H W N A B A R B G D O B I Q S V Y
D Z Y C K W O E D G Y J T L I G B T A W E S T B A N K
U G H Q R B L N R N K M E L D P S T V T F R Q L N Q B
```

ABBASID	DOHA	ISFAHAN	NILE	SELJUK
ALAWITE	DRUZE	ISTANBUL	OMAN	SHIA
AMMAN	EMIR	JEDDAH	OTTOMAN	SIDON
ANKARA	ERBIL	JERUSALEM	PAHLAVI	SINAI
ARABIAN	EUPHRATES	KARBALA	PETRA	SUEZ
AYATOLLAH	FATAH	KURDS	RAMALLAH	SUNNI
BAGHDAD	GAZA	LEVANT	RED SEA	SYRIA
BASRA	GOLAN	MANAMA	RIYADH	TEHRAN
BEDOUIN	HAMAS	MECCA	SADAT	TIGRIS
BEIRUT	HEZBOLLAH	MEDINA	SAFAVID	TYRE
DAMASCUS	IRAN	NASSER	SANAA	UAE
DEAD SEA	IRAQ	NETANYAHU	SAUDI	WEST BANK

PUZZLE #70 - BEER

```
V K O D G C S B Y S I H L P Z K F X D X B V R A F G P
J U C X S Y P P C I U A I A H S C J E U I O D L B B O
S T R O N G A J M T M N U T R O W L E K N U D E R Y S
P F E V B A R E E B T F A R C J P E D S F E A M E C O
I D T L H U G N I R E T U A L M F P N D K L W B W E I
N R U A S O E C G H W D N V O W E I S S E U N I E L S
C A A P A Q P X D Q Z Z A C Y Y I R W J S T N C R L F
A U L P M D N S R N A B I O T I P T I Y W C N K Y A C
R G F U R K E T C O Q N L I T O J R T F E U U G E M A
B H C T I P Z U C D E X R O U W O F B T E V K U G D E
O T Q U A D R U P E L A C R N O K R I A T K O N C E E
N C H W H E A T Q P L E B B U D H U E F P C L O A L I
A W A V N H M T C C F L A V O R E I R D D A S G R T J
T Y I S S Y P D Q K Y H I A H L K T H B X P C O A T V
E H E I K K I Q Z W E F P U M R Y Y E O A U H S M O V
I G N X S Z L S G N C G A A E Y Z N F L B R N E E B A
C I C G P D S A A Q Z H L L X D L R E I B G L R L O M
F P R D I C N C H I Y T W G L J M O Q W I T R E Y I B
T I L J C I E G C H S O J V V O V A S L T E Q A Y L U
I I D K Y Z R S L A R O L F P H P S Q E T Q H G I R Y
E U G H E I P V T G H M N L J L L Y H Z E C L Q Y N I
J S U B R J R S N P W S W V Q Y J P Z T R H R R H G V
D T I R F V B A V L N M C Q F E A T V M O P I J P M L
```

ABV	CARBONATE	FRUITY	LAUTERING	SMOOTH
ALEMBIC	CASK	GOSE	MALT	SPARGE
AMYLOSE	CELLAR	GRAIN	MARZEN	SPICY
BARLEY	CLARITY	GROWLER	MASH	STRONG
BITTER	COMPLEX	HEFE	NUTTY	SWEET
BLONDE	CRAFT BEER	HOPS	PALE	TANK
BOCK	DRAUGHT	IBU	PILSNER	TAP
BOIL	DUBBEL	IPA	PINT	TRIPEL
BOTTLE	DUNKEL	KEG	PITCH	WEISSE
BREWERY	FINISH	KOLSCH	QUADRUPEL	WHEAT
CAN	FLAVOR	LAMBIC	SAISON	WITBIER
CARAMEL	FLORAL	LAUTER	SKUNKED	WORT

PUZZLE #71 - LONDON

```
D W O O L W I C H Q O J L B Q A V U B G D R D T Q J Q
E G D I R B X U A C T O N E D M A C C P H R T R O H B
P O V Q P N O D N E H E R W B M G N I T O O T K A A D
T A A Y E W X C I H S A N O T R E M O F L S Y R R N B
F B H Q O C I L M I P R C F H Y I A T T K Y I K Z O Y
O A D R H O U N S L O W E K I U Q A N L G N I B I D Y
R M R L E W I S H A M C K T N E C N O T G N I S N E K
D A O L A M B E T H T R H P T E L W D E G L I Y A L C
H H F B A R N E T Z A L Q E S A Y D Y R F E E L L B I
D K M A H P A L C W L T G A L G B Z O O H L I A S M W
A C O S O H O Y H E S T P R M S T I R Y H N H J A I S
G E R Y S L A T W F B U O B E E E D C C G X Y Y J W I
E P S G R H U K Z M Z J T T L E S A N F U B F R Y Q H
N S I T O O C Z D Y S M A T T H N I K A H A W C C Z C
H T D A S O D U L W I C H F O E F W V F I N S B U R Y
A R C A T D V U P T Q A T R U N N V I R M O I Z A U E
M A U S Z G T H C S M R E A T L E H D C M T L X H J L
B T P O C K H H O P E D A M E Y H G A A H X K G B H M
X F Y C R D A X S X I A D Y A E K A H M B I F W W R O
X O N G P M M T E T T C T U V A I T M A A R W L Q T R
W R G B U U E J C L A O L L I H L L I M K B B F E D B
U D Q C O A S H O R N S E Y N A T V R S F H O X T O N
Z W I W D P A D B E X L E Y W O R P I N G T O N D S U
```

ACTON
BARKING
BARNET
BATTERSEA
BEXLEY
BRIXTON
BROMLEY
CAMDEN
CATFORD
CHELSEA
CHISWICK
CLAPHAM

CROYDON
DAGENHAM
DEPTFORD
DULWICH
EALING
ELTHAM
ENFIELD
FINCHLEY
FINSBURY
FULHAM
GREENWICH
HACKNEY

HAMPSTEAD
HARINGEY
HARROW
HENDON
HORNSEY
HOUNSLOW
HOXTON
ILFORD
ISLINGTON
KENSINGTON
LAMBETH
LEWISHAM

LEYTON
MAYFAIR
MERTON
MILL HILL
MITCHAM
ORPINGTON
PECKHAM
PIMLICO
ROMFORD
SHOREDITCH
SIDCUP
SOHO

SOUTHWARK
STOCKWELL
STRATFORD
SUTTON
THAMES
TOOTING
TOTTENHAM
UXBRIDGE
VAUXHALL
WALTHAM
WIMBLEDON
WOOLWICH

PUZZLE #72 - REPTILES

```
D N E A D I R B U L O C T V T K N P I E P B J A D F J
P E O C B U N G A R U S H Q G T I T L R Y N I P S R H
H W V D H U A U N A K T Q W I F C A A Z T H G I N I E
B T T Y O I D A Y S N M T L Y A P R S S H M M L W L L
D O W I D R S Z I I I O B I E I W B B Y O B A N S L O
Q A T O P E E L L N K R Y U D N H O O R N T H A V E D
X I G H A O I T H T S S N A M I A C E L I A S I S D E
O C H D R S U G E T E E E A B Z Q L Q C P S P B I Q R
Q N I U A O D U D H C T B E J N I R A F A E W I H T M
X O J B N H P E U T X I A E W A H U B G R A R H P B A
B Z U P A I V S E U N D L A J S D W Z I R D U P O A X
M I C R U R U S U N E I K F F A C K D A E I V M R K K
G Y M O G G N T J D D P Q K Z L W A C U T L J A D E V
G X R T I V O K E O B S A J M H E E E X C A O J Y W V
A N O I Q E G R C L I A E P I C R A T E S I J N H F A
H O R N E D A O B X T K R P H G G I Z G O V V O A B G
D E L O I L R T P X I R T A N Z I R E D D A K A M N L
P L K M L C D A K A S A U U T X T A P D K G M A I A M
U E J O K V P G Z Z I I T T Y T J G P L O A M N I K U
U M C R Q T R I A L H T W R S D L L B U G Z R R F H D
S A C W M L F L K T O M E I V P S E Z A A U A Z P F D
D H W M J F Y L C H U C K W A L L A R Q O H H T U A U
M C F X I S Y A R A T A U T J P G W E M G F R L H A E
```

ADDER
AGAMA
ALLIGATOR
AMPHIBIAN
ANOLE
ASPIDITES
BASILISK
BEADED
BITIS
BOA
BOIDAE
BOTHROPS

BUNGARUS
CAIMAN
CHAMELEON
CHUCKWALLA
COBRA
COLLARED
COLUBRIDAE
CROCODILE
DAY
DRAGON
ECHIS
ELAPIDAE

ELGARIA
EPICRATES
ERYX
EUNECTES
FRILLED
GAVIALIDAE
GHARIAL
HELODERMA
HETERODON
HORNED
HYDROPHIS
IGUANA

KRAIT
LATICAUDA
LIASIS
MAMBA
MICRURUS
MONITOR
MORELIA
MOURNING
NAJA
NATRIX
NEWT
NIGHT

PYTHON
RACER
RATTLER
SANZINIA
SKINK
SPINY
TEGUS
TERRAPIN
TUATARA
TURTLE
VIPERIDAE
WHIPTAIL

PUZZLE #73 – JAPAN

```
C H A A V E J A I H C O K L R A N A C F P S T D F I D
Y A M W A Z M K T H Q A I O M E K I T E R H O H A W Y
G R A N B A A I O P N O C A J O F H S U G I K S X A I
Y B Y R H S T N H T K N Y H U G H S S H R K U W T T K
M O A O A K A S O E B O K K U U T A V S I O S K B E G
F U K G J N G C G H T C U I M B I G S N B K H J U I M
M O A U I S I B K U I F H K M T U I N O I U I Q N F K
Y N W H A I I A B N N T H I A A K H N H U A M Z U O D
A E S I X K N Y N G Q M O M B A O I R O M O A A T F S
Y U S K M I R O T T O T A K Z A H X V I E B R S A I C
G A K A G T H G I S O P J A Y J O S H T G A U H E R O
P M M R P A R A Y Q S I Y D W O T S E B N T T I H Q E
M I E A E P A N S K N I T Y Y H O J O N G K L B I O D
N H J B N Y O A A A M M J A A G X I D G D K I U A F F
E S Q I N A T R A G C A K U A M A Y U S T A M Y S X E
P O F H G A S T O A G N F K F T O C H I G I I A N S F
D R R F G G P H T W O I K U G Q D K A N A Z A W A H G
E I B A X P F T I A G M S D S B I S H I M A N E K I F
I H M K U M A M O T O A Q Y X D A W A K I H S I Y Z R
U A G Q H Y O G O C A P E B P M K P G S U M E S O U D
Y R Q B Y O K O S U K A N B D N K B M X G Y U Q T O G
D L J P B A I K D D K Y U S H U O F N L J K W W O K Y
V F N P H E N P Y D H V R S Y A H O I C O R C J F A X
```

AOMORI	HIROSHIMA	KITA	NIIGATA	TOCHIGI
ASAHI	HOKKAIDO	KOBE	NISHI	TOHOKU
CHIBA	HONSHU	KOCHI	OITA	TOKUSHIMA
CHUBU	HYOGO	KUMAMOTO	OSAKA	TOKYO
EHIME	IBARAKI	KYOTO	SAITAMA	TOTTORI
FUJI	ISHIKAWA	KYUSHU	SAPPORO	TOYAMA
FUKUI	IWATE	MATSUYAMA	SENDAI	UENO
FUKUOKA	KAGAWA	MINAMI	SHIBUYA	WAKAYAMA
GIFU	KAGOSHIMA	MIYAZAKI	SHIKOKU	YAMAGATA
GINZA	KANAZAWA	NAGASAKI	SHIMANE	YAMANASHI
GUNMA	KANSAI	NAGOYA	SHINANO	YOKOHAMA
HIGASHI	KANTO	NARA	SHIZUOKA	YOKOSUKA

PUZZLE #74 - ARCHITECTURE

```
Y V D S E D B T F W C P I L A S T E R C U Q H L Z H B
Q B S D T Q N E C I N R O C P E B V E E N O T S Y E K
R S O I T E L P E E T S W I I D J O M P D H G C S H H
H A B S M O M A V G F M E S P A X C R J V R U F A O W
S Q F I S W I R G R W R L E Y C F L O C N P I Z N C V
K I D T E A Y A F W N M I R U R N A D M O J A G C A D
P E L L E R G P E X S O F E V A E V U L L Q W G T N F
P L S L E R N E L N Y L U W Z F P L A T R O P M U T A
J I I C Q E I K Y N E L B A G E O N I O U Q V C A I C
A S A N D Y T P O B R L A L D C T P O R T I C O R L P
K R T A T T U C G Y W B R E F E H C I N V M Y P Y E T
T R C U L H L W R K V I S T R V Y M O L D I N G B V R
F A X U C A F O A R O T U N D A M U L O G G I A U E U
F I A B B C T N G A A J M I D N L N D D N Y B Y T R S
D V N X K S O L B L L K E L V E M A B R I C K L T P S
B S N I E A R C H L S U A A C T A P D B R C E Q R X A
F Y Y R A U Q I L E R T X N O M N M R Y X I K Z E M U
L Z E T X L A T R I U M A N A S S Y P Q R L L E S H W
A L C L O I S T E R K H J E C M A T F O X X R A S H M
C K V N R H H X E H C N B Y Y I R B G W Q I I M E M T
J X I N L F S M C M M Z P Y J W D L J N P H Z I C M A
B F I H O N C Z Q L Q I T V S L U L K S I L E B O M L
I L I M T W D Q E T B U V N K A J F N Y K Z Y N T N S
```

AISLE	CANTILEVER	FLUTING	NICHE	RAFTER
ALCOVE	CHANCEL	FRIEZE	OBELISK	RELIQUARY
APSE	CLERESTORY	GABLE	ORIEL	ROTUNDA
ARCADE	CLOISTER	GARGOYLE	PARAPET	SANCTUARY
ARCH	COLUMN	GIRDER	PEDESTAL	SILL
ATRIUM	CORNICE	KEYSTONE	PEDIMENT	SPIRE
BALCONY	CRYPT	LANTERN	PIER	STEEPLE
BEAM	CUPOLA	LINTEL	PILASTER	STUCCO
BELFRY	DORMER	LOGGIA	PLINTH	TRACERY
BOSSAGE	EAVE	MANSARD	PORTAL	TRUSS
BRICK	FACADE	MOLDING	PORTICO	TYMPANUM
BUTTRESS	FINIAL	NAVE	QUOIN	VAULT

PUZZLE #75 - TOOLS

```
H W G R I N D E R E P A R C S F S W F V M U E R R M C
R Z X M N E V Z C L Z V H Z F R K A I L F L E S I H C
Z R E K C A T D K E C M I L L I N G N D R M B H V K B
T E A W L A I A F V X L Q K B S U N N D A O I N E W I
Z O L A H T L L Y E P Q A W W H R I N E E T R M T X K
M I T E R A H I G L U R R M H T B P R J E R C K E J O
V H S S Z Q C F P U I E Y A P B K O F H H P S C R L C
E X M I D F H K L E N P M B L Y J C C R T R H N T C R
S Z F V D H C Y S C R M K E A E D T A H M A G P V O H
P F R A F F R L H A E I R P L R A B H B I I S P I N S
M U L T I T O O L R W R V Z R R W S J N B C T P I X U
F M A L L E T C W O H C X I A O Y I S T E Q A Y W R R
S D E V D R W L A U V S S W R F G A D O Y B P Z D O B
L H M L G F O K D T R R Q C G S W X N J N X L U R L T
F M O V G E L Q A E R E G U A C M R E V O G E F J L N
S M C V G T B Q R R D I B W A S D N A H I F R G Y E I
F P E R E L I Y B G L L I R D R H P F M Q L N B A R A
B R O A T L H I I Z M P T M G Y E T R I M M E R E W P
B F A Y S E E S J R G A U G E W M E Q A N I E J U W S
L S X T D U W H E T S T O N E I B K J L H G V G L S I
M D X F J L R B T B O W S A W H V C F O U B S U A Y E
Q B O A L X S E X V S L N L K T I O N O J L D L L J Z
S C R E W D R I V E R Q X Y T A Q S G R H W B V R T M
```

ADZE	COPING	HANDSAW	PEEN	SCRIBE
ANVIL	CRIMPER	JIGSAW	PLIERS	SHOVEL
AUGER	CROWBAR	LATHE	PRYBAR	SNIPS
AWL	DRILL	LEVEL	RATCHET	SOCKET
BIT	FILE	MALLET	REAMER	SQUARE
BLOWTORCH	FORGE	MEASURE	RIVETER	STAPLER
BOW SAW	FRET	MILLING	ROLLER	SWAGE
BRADAWL	GAUGE	MITER	ROUTER	TACKER
CALIPER	GOUGE	MULTITOOL	SANDER	TRIMMER
CHAINSAW	GRINDER	NAIL GUN	SAW	VISE
CHISEL	HACKSAW	NIBBLER	SCRAPER	WHETSTONE
CLAMP	HAMMER	PAINTBRUSH	SCREWDRIVER	WRENCH

PUZZLE #76 - TREES & BUSHES

```
W A L N U T K E T R S S C W S J T G Q C H Z W O M J I
B L L O Q Y I A C B U I A B I P L Z E C I W E N U A S
G O Y D N G M E I S R I T C A L R Z W Q C B U D N A R
O G X P W A N R O H T W A H W N L U Q D K A E T R E E
O I I E R P C C N B I E L U B C Y O C R O T R F U O D
S N H A L H E M L O C K P X B E D A W E R B A C B C B
E G C F B D T B D D T W A P W A P C N D Y S A L I R U
B K A O C N E P S A M A N G R O V E R L S L A M V A D
E O N R H I D R H L L S D S U M A C P A Y E L N B W Y
R S E S C R M A P L E N L O C U S T S P G Y Q O S O D
R Y O Y M A E B N R O H P Y S C C U T N M A W Z F B O
Y K C T C M A O S M L O G R V F M U A E S O E V I B O
A I Y H B A U Y L M X Y D C I C S R U D F A M Z R A W
B S S I L T C A C Y P R E S S V D J U N I P E R L O G
T M V A P A U E N P O P L A R Y E N C I I M Y X T B O
E C G D M R X M E H M O Z C H N E T L L U Z E Z Y A D
E U F O E O A R T V H A C K B E R R Y G N T K G C B R
W Z R L S H S U N G J P B O K H A O T P W Q C I H S A
S E Q U O I A L S Q Y H X B C H L E W Q E G U T O H O
O B F G M I Z A G H T W T R C E E L V D O C B K L O Z
B D A M X R E D W O O D A E P W V S K U C I A V L P D
C N O O T Z V A Z O E L E U S R W P C L H R H N Y V U
Y N S R H Q E Q D K S B T V Q L F R F Q D Q E R W H O
```

PUZZLE #77 - STARS & PLANETS

```
M A K E M A K E W Y K N Q S U N A R U D C C G T D J P
H Y D R O G E N T R M D F M U R T C E P S E I S N S R
C E P H E I D I A A P N L F Z P Y R L R L N A Q Z B O
D W H D I U S U L B O A L P H A E A K O H T N Q B K X
N M A K Q O Q I K W X R P O B K S R G I R A T M L P I
I Q R K N X N V R R B F L Z B M Y J N E D U E S A D M
W E H I W L A E T E E Z O N A D I R T O E R A U C A A
R H M P A S H G C A S T O R M I T S A H V I G P K C K
A U D W A R F A S B U B M O Z B U R B N R A S E H C A
L L T X X S T L U E E Y Q I N L A U A A I I T R O R T
O N N O Y C O R P L G L K T C N D R T N R B I G L E N
S F O I N A P S J L L V F J O X E S R A S G H I E T I
F Z W P T O E P K A E P G K E H O H L E E I E A P I M
K O Y C L A Y I T T T A A X N T E O W L D X T N B O C
Y D M N O A K C C R E R S N O J P W W T U J I T Q N E
E I S A G B N A D I B A U R S P I R A L T X I J Y H P
J L E L L F L E S X R L P H Q O A S I R I U S R C D H
Z N D L A H G H T C S L O I Q Y Z L E I N L H W B P E
L T A E M U A H T A K A N Z T E E G U A G L Y Q S N U
X C I P N J F U S I R X A W N C U G F T A O Q R C T S
L A E A S E R A T N A Y C I T L A W B L M P M E R A K
O E L C V U B G O F O G T N U H F J N A R A B E D L A
V T P J S O P H I U C H U S I R R E G U L A R P Z K F
```

ACCRETION	BINARY	ERIS	OPHIUCHUS	RIGEL
ALDEBARAN	BLACK HOLE	FOMALHAUT	PARALLAX	SIRIUS
ALGOL	CANOPUS	GIANT	PLANETARY	SOLAR WIND
ALNILAM	CAPELLA	HAUMEA	PLASMA	SPECTRUM
ALNITAK	CASTOR	HYDROGEN	PLEIADES	SPICA
ALPHA	CENTAURI	IRREGULAR	POLARIS	SPIRAL
ALTAIR	CEPHEID	LUMINOSITY	POLLUX	SUPERGIANT
ANTARES	CEPHEUS	MAGNITUDE	PROCYON	SUPERNOVA
ARCTURUS	CLUSTER	MAKEMAKE	PROTOSTAR	TRANSIT
BARRED	DENEB	MERAK	PROXIMA	URANUS
BELLATRIX	DUBHE	MINTAKA	QUARK	VEGA
BETELGEUSE	DWARF	NADIR	REGULUS	ZENITH

PUZZLE #78 – AGE OF STEAM

```
S M E K T O I R E L P U O C V Z Y V T T X A I R Y S N
X M Y X B K E C A R R Y O V E R C R O G U H O A F M E
R V O Y P D A E H R E V O M C N U F D O O B J I P O Q
A E N K N R Y E H G U M S W A N O I S N E T E L Y K H
T Z G I E R E P S N L Z G D N P N M T W U C F B E E C
N U L U O I A S R I F M G I R X F R O O T O P E D B S
P Y N T L R J E S N G J O O U M E O Q D J L F D Y O S
C A C N G A L J X O X N K N F S W F F W Y K S I Z X T
P A S E E L T P I H S M A E T S F T L O Y G L K H A O
F M L S E L B O A C J D I L H Q T A Y L D A M P E R K
B E N P E I M L R C Q C E O C Q N L W B H I G Q L E E
T O O C F N U H D D A P I S T O N P H P N D G I T T R
A R I P H M G Y Z B H S E U I Q X K E J Y G N T T A E
P C T L G I F E O B E F T L W W J Y E R Q A V E O W S
O M A S E S M O R I A X C I S L Z C L G N I V I R D R
H C T V L R S N I A D G U T R K T F I R E B O X H E E
S N S H S E A T E C L J D U Z O C L S B Y C K G T E V
K X J I Y Z E L C Y I U A A R G N I L L A P S R X F E
R O N M P G K P Y U G F I N A M E K A R B V Y Q R P R
O E R O H P A M E S H I V T U R N T A B L E A E O H A
W S T N O I T C A R T J U N C T I O N U R J U L A T F
L Z B V N G A L L I N G I T P D F P W T S N Y W V A M
S I R O N C L A D L O F I N A M Q P E T R L K B X E G
```

BLOWDOWN	EXPRESS	IRONCLAD	SEMAPHORE	TELEGRAPH
BOILER	FACTORY	JUNCTION	SIGNAL	TENSION
BRAKEMAN	FEEDWATER	MANIFOLD	SLEEPER	THROTTLE
CABOOSE	FIREBOX	NAUTILUS	SMOKE	TRACTION
CARRYOVER	FLUE	OVERHEAD	SMOKEBOX	TRESTLE
CAST IRON	FLYWHEEL	PASSENGER	SOLENOID	TRUNNION
CHIMNEY	FOUNDRY	PISTON	SPALLING	TUBE
COUPLER	FURNACE	PLATFORM	STATION	TUNNEL
CYLINDER	GALLING	PROPELLER	STEAMSHIP	TURNTABLE
DAMPER	HEADLIGHT	RAILBED	STOKER	VALVE
DEPOT	HONING	REGULATOR	SWITCH	VIADUCT
DRIVING	INJECTOR	REVERSER	SYPHON	WORKSHOP

PUZZLE #79 - CLOTHING

```
W S T U N V Y I T Z O H P B C I S N M E Q Y B E C N E
B A E G M E H Y R O Y O A S E O H S S H O R T S U X R
R I T A N L C J I I C O N E C R K L J O W S A Y F Y E
A X Y C M V O E Q K N D S I A B E F K G G Z H L F V J
C P S O H E U V E I U I C Y L Z A T L N I B Q A L S A
E A K I B T S T T L L E O O K G W J I P E G O A I O J
L N A C L C X A P K F N U R C E B G P H C S Z Q N J C
E T N O O T S S O C K S S J E P G E I N A E B J K A R
T S O Y G A P W M W E L N D N E R X L G O G Z E S C E
R W Z L L S T F L A E U M U L E A B S T K T U A O K I
S J Q Z B O L R L E B A U H Z U R S M L U N R N Q E N
P S C G U U N E H F T O D A W G E O M T C Y O S N T E
P A R S P Z T H E Q X Q L F J R I A A M J T H F E M B
F Y E E X K B T I V E B T L D G E V A O N I X H J B Q
S A V A F C R A O P E W O A J E G T C C R W U E M S N
X N B L M A O E O N A C S T P A J K A T G K S K I R T
C Q E R U U O L D T D H U S D R J R S E E K M B N Q O
L D F A I I C L I N E N Z F B R D E C M W R B K E S I
I J A M K C H P V F L U Y O F I V B O O T S M Z D D R
N X P D S E B A M K O E L D G N S L I P P E R S C G I
I Z D D T S R A U X O C X A P G S A N D A L S O H H R
N Z R F F I E S M I P Y N A K S F X F P I C S U E D E
G N O W V U L S H C W Z N F D M P O L Y E S T E R S F
```

BEANIE	COLLAR	HOODIE	POCKET	SLIPPERS
BELT	CUFF	JACKET	POLYESTER	SNAP
BERET	CUFFLINKS	JEANS	RAYON	SNEAKERS
BLAZER	DENIM	LEATHER	SANDALS	SOCKS
BLOUSE	DRESS	LEGGINGS	SATIN	SUEDE
BOOTS	EARRINGS	LINEN	SEAM	SWEATER
BRACELET	FABRIC	LINING	SHIRT	TWEED
BROOCH	FLATS	LOAFERS	SHOES	VELVET
BUTTON	FLEECE	LOOP	SHORTS	VEST
CAP	HAT	NECKLACE	SILK	WATCH
CARDIGAN	HEELS	NYLON	SKIRT	WOOL
COAT	HEM	PANTS	SLEEVE	ZIPPER

PUZZLE #80 - CATS

```
P G F I M Y L C L L H R B M S G B F P N Y O I G W S K
I R T E B A F I B N A J A H L E M R U A P H X R H H T
O H O B D S T E A L T H Y L S N A E E P I S C A I O W
A W A T D T H S T Q P C O O U T B B S E S O S C S R I
N T U S E E R E I B A D R I B L B M U N D C P E K T O
F U R R Y C E M V R G S W L E E V I O I L I H F E H B
B Q L P K A T A R A Q D C F Q Y G L H C G A Y U R A S
T L A I R O T I R R E T L R S U S C S C X B N L S I E
Z K Y W Y F E S V D L J B Y A G I K Y A B L X H D R R
C R C Y E R E T U E N U I N Y T I E I V M E S I H W V
R L M F L I C I Q M R C R D O T C F T K N A F N R Z A
P F E L U E S B C H E M I T R N H P X E T J E G F N
P R R A N N H J E X A T A E H E M A P L Q M S S E C T
Z C E Z N D C S D W A P N N R L I Y G K J A G L L W A
N E H D Q L E K P E L Y O G B A L L S E L T I E T S B
S S X E A Y Y O R A S C O T T I S H X T L N V E G V Y
Q Z Y W C T W T Y E Y G C F U R C C D H E E U P Y P S
J A S Z L K O F T D J Q Z O B E N G A L R R Y T N W S
Y F O O D O U R U G C E I S S E L R A E F Q I K N U I
K I Z I Y L Y P Y A G I L E O R T A I L H V Z O Z V N
C J S X F K N A P V R F K Z R G M V A Y Z D N B U O I
Q R T V K C R C L U O B V U K O F Z Y C V R C E X S A
A C M S H W A V I B U B P F L P D M D P P A W S L W N
```

ABYSSINIAN	CLEAN	GRACEFUL	PAWS	SOCIABLE
AGILE	CLEVER	HOUSE	PLAYFUL	SOFT
ALERT	CLIMBER	KITTEN	PREDATORY	SPAY
BALL	COON	LASER	PROTECTIVE	SPHYNX
BENGAL	ELEGANT	LEASH	PURR	STEALTHY
BIRD	FEARLESS	LITTER	QUIET	TABBY
BIRMAN	FELINE	LOYAL	RAGDOLL	TAIL
BREED	FOOD	MEOW	SCOTTISH	TERRITORIAL
BURMESE	FRIENDLY	MYSTERIOUS	SCRATCH	TOY
CARRIER	FUR	NAP	SHORTHAIR	TREAT
CHECKUP	FURRY	NEUTER	SIAMESE	VACCINE
CLAWS	GENTLE	OBSERVANT	SLEEP	WHISKERS

PUZZLE #81 - SEAS & OCEANS

```
D E A D A R K X A I R A T N E P R A C C R N N B H T M
C G I P F V N Z W D G V E T P A L Y A C S I B O W Y R
G Z I Q F X A H I R H G S D E N N I K N O T S K R E
W U W B Y D C J I P C I J O S V I M I P F S R P S R K
S I I N R T C N D E S X A S U K K L N F Z J F O T H H
P C J N Y A A V P K K I O T C S E R O L F Z M R O E O
C W O U E I L M N X A R H A I H N T K V B A B U H N T
I H L T D A A T Z T G O M Q V C I J P K L A B S K I K
H U U N I C M U A C E O L N Q M P K K I N R L Y O A K
S C I K Z A M L O R R S Y U O U P M A D K U S T V N B
L A V V C R P J P R R S A R C T I C A R F F A I V O
O N P L O H F T N K A A B K D G L N B R A A G G D C T
Y A A H W F I L J E K G O U O Y I D Y Y M R Z E N X H
P I C M L A B R A D O R Y T O O H R A S A A S T A W N
V R I E A S T C H I N A K C K E P B E V D L R T E W I
Q U F T S D B O H A I S O H A J A B A C A R C A B E A
E G I N A I N O I U F W T X Z P E J K C E I X K B F N
R I C D H R N A I P S A C Q M L L H C E T L Z V I L N
Q L N R E H T U O S N F N A E G E A V N Z V T A R O S
R U D E G Z T F S S R O T C P G D U A R I T W I A M G
S E L N B O N A I G E W R O N I G L L E D D E W C R N
O J X B Z W F O J M A R W T V G T A H B M A H K P M H
G E S Z X C D J U J G D C E H A Q G R E E N L A N D A
```

ADRIATIC	BOTHNIA	GREENLAND	LAPTEV	SCOTIA
AEGEAN	CAMPECHE	GUINEA	LIGURIAN	SKAGERRAK
ANDAMAN	CARIBBEAN	HORMUZ	MACKINAC	SOMALI
ARAFURA	CARPENTARIA	INDIAN	MALACCA	SOUTHERN
ARCTIC	CASPIAN	IONIAN	MARMARA	SULU
ATLANTIC	CELEBES	JAVA	NORTH	SUNDA
BAFFIN	CELTIC	KARA	NORWEGIAN	TAMPA BAY
BALTIC	CHUKCHI	KATTEGAT	OKHOTSK	TIMOR
BANDA	DEAD	KHAMBHAT	PACIFIC	TOKYO BAY
BISCAY	EAST CHINA	KUTCH	PHILIPPINE	TONKIN
BOHAI	FLORES	LABRADOR	ROSS	TYRRHENIAN
BOSPORUS	GIBRALTAR	LACCADIVE	SARGASSO	WEDDELL

PUZZLE #82 - CHRISTIANITY

```
H L S T S O C E T N E P N I O D D K L O O C M T T R E
E M S Z Y C K H O B W C A R O E U I Z B R E S M T R V
A G R A C E T I U F Q W T G G E D M S U R I S N V A D
V L Y Y R T T S R I S I P R R Z S C C R M E A T O O
E G Q T N A N E V O C D V B C C L I Y H I L A I M R S
N G B N L S A V I O R H I T S Y F T C I P P C I X W K
A T W E E L I L A G N B T Z S I N P E T H A L D K I S
C L V V P J E K J N L E Y T X Q E A J G N Y R E D U N
B E H D S V U H T E R A Z A N N F B H R Q A B A S J M
R G K A O V G A E R R N F E A P M P C T W V Y E B B Y
R N O J G W E I N O O I L N P Y R O P H E Z J T M L H
M A R T Y R N S B I T T C S U R J U D E A B N N D H E
D E A C O N E S Z C S E T H C O I T N A R A A Y G E S
E I O G G B S E H O J N S H O C F E D O T P A S T O R
F U W U O C I M P L I M P C R W F X S S P R O P H E T
S B C W R L S A T A L O T R V O T A E T S N V A T I E
A E E H O F G Z S A S Q G G A Z R T W U A B R A H A M
M T G X A R O O S S E R M O N Y O X D E P I S T L E T
A H B W F S R S P T A J B A H B R E O P A N G S P U G F
R E J X A R I H Q H W L J B P P X R C L E R G Y Z X U
I L M Q I F X S I V A S R V R E R H X D Q Z F J N Q F
A P B N T Q G D T P O R T H O D O X E K R H L B J G C
J I J X H X C L N S P U N F M D R C I S E K C O Q S N
```

ABRAHAM
ADVENT
ANGEL
ANTIOCH
APOSTLE
BAPTISM
BETHANY
BETHEL
BIBLE
CHRIST
CHURCH
CLERGY

COVENANT
CREED
CRUCIFIX
DEACON
DISCIPLE
EPISTLE
EUCHARIST
EXODUS
FAITH
GALILEE
GENESIS
GOD

GOLGOTHA
GOSPEL
GRACE
HEAVEN
HELL
HOMILY
HYMNS
JERICHO
JESUS
JUDEA
LENT
MARTYR

MERCY
MESSIAH
NATIVITY
NAZARETH
ORTHODOX
PARABLE
PASTOR
PENANCE
PENTECOST
PRAYER
PRIEST
PROPHET

PROTESTANT
PSALMS
REVELATION
ROSARY
SAINTS
SAMARIA
SAVIOR
SERMON
SIN
VATICAN
WORSHIP
ZION

PUZZLE #83 - TEA & COFFEE

```
Z B E N I E F F A C K O A M I K A M V P K U R I L G D
M V U I S T E E P I B O L D B U O W S P F F G D F T A
J B E L Z J F C D P N V Z E W R O A S T O P A E T E R
R K V G Z U M I S F I F A C E D H T Y A G V R R I W J
B D F I T R G B L G I B U I Q R Z S S E R P G U E C E
P L I R F O D A T R O C L S U C S I B I H A Y O A C E
X O A I K O T A G O F F A E E F H R A T G K B P T W L
B A U N U I G S N S Y N T Y N R H A M S N P P I F Q I
B D L R D B B F S H V E L G E D S B H O S U J C C I N
R C U R L O W E J L M O R A C E W T I C C A O V R A G
E V R E S S R A J A N F O B K R R T E C T I M O I Z L
W S K B T P O X I D I Z E I A E A W I E P A N H C H U
E G O Z O O N S S E R V E D T T V N R P P A M X H L K
D J C R A S O C R E A M Y L N L O E O P C E U F G C F
N U E H K N T U I S J Z I A A I M D Z I C E R S U N X
G A M R I H A C I Z Q F L B D F A J R D R I P S R D N
L O O S E S I P X D O P D R I R S E B E O T T R N U S
E Z X J O L H K H X I E Y E X E M E H C Q S N I M S U
O U X K V O C T R A M V C H O A T S U B O R R E K G M
O O L O N G C L O A I A A D I B U G B N U G E Z T Q A
O J L K T H A L E R A Y M J T Q I Y Z D D K V Y I A T
C G X E W W M T M L F E U V N R I S T R E T T O E U R
G I P L J D S U L K O N A J A P E R C O L A T O R O A
```

AEROPRESS
AFFOGATO
AMERICANO
ANTIOXIDANT
ARABICA
ASSAM
BARISTA
BLAND
BLEND
BOLD
BREWED
CAFFEINE

CAPPUCCINO
CEYLON
CHEMEX
CORTADO
CREAMY
CURL
DARJEELING
DECAF
DOPPIO
DRIP
FILTER
FILTERED

FLAT
FROTH
GRIND
HERBAL
HIBISCUS
ICED
INFUSER
KEEMUN
KONA
LOOSE
MACCHIATO
MATCHA

NILGIRI
OOLONG
OXIDIZE
PERCOLATOR
PLANTATION
POUR
POURED
PRESS
RICH
RISTRETTO
ROAST
ROBUSTA

ROOIBOS
SAMOVAR
SERVE
SERVED
SIP
SIPHON
STEAMED
STEEP
STEEPER
SUMATRA
TEAPOT
YERBA

PUZZLE #84 - INVENTORS

```
C W H U P A G X N R J W I A N N V I X H N I I I H C B
H S L Y A D A R A F Y A F Y E L K C O H S U Z M E O Q
O E N N S L N O B E L T M Y G X I B E C T G G O H R W
P Z S P T S S J A L F S Y H T S T D A R W I N R U O R
P V U P E J C E B D N O M T N E I R N Z I M K S A E Z
E L O B U B K C T A W N F V E S V T O Z S R S E I W U
R T H R R D I Z Y S R C T G O E K F O C S E C S C B P
P Y T H A G O R A S U C I N R E P O C B L F I R N K G
G P R M S R S L K R G A L I L E O O M L A O W L I F J
U L O Z N B K I H S G Q H T B R U N E L V R E S V C Z
T A W N X Y I N O T W E N N A X T M U A M S D U A E K
E N S D S G E N D B G L S A T E L U L M E C M E D T T
N C N B W E G A J M K E I B I O S G R I Z V S J E K U
B K R C A S K E K F T V U R V H V D D I P E K V Y N N
E K A E L B B U H A K F U E U C L I D N N M A H A R G
R O F L D S B S G F K C L R Z Y K V K O P G E T L G I
G K R T W Q N A M T S A E R T T R B O C Y A L N B J D
D T H O Z N U T G O C L W O Z N I A K R F O S N D R K
M U G T H G I R W E P F L E M I N G C A V O I C A E X
J O B S H K Z J L E A V O G A D R O J M O V R D A U L
E N O I E H T T K E I N S T E I N I R Q L C D D I L B
R S D R O F R E H T U R K I Q S S S X S E L O H S Y P
O T L A I T A P Y H H B E M S V J O K U G L J M Z V B
```

ARISTOTLE	DARWIN	GATES	LOVELACE	RUSSELL
AVOGADRO	DIESEL	GODDARD	MARCONI	RUTHERFORD
BABBAGE	EASTMAN	GRAHAM	MENDEL	SALK
BANTING	EDISON	GUTENBERG	MORSE	SHOCKLEY
BARDEEN	EINSTEIN	HOPPER	NEWTON	SHOLES
BOHR	EUCLID	HUBBLE	NOBEL	TESLA
BRUNEL	FARADAY	HYPATIA	OHM	TURING
CARVER	FARNSWORTH	JOBS	PASCAL	TYCHO
COPERNICUS	FERMI	KELVIN	PASTEUR	VOLTA
CRICK	FLEMING	KEPLER	PLANCK	WATSON
CURIE	FORD	LAVOISIER	PYTHAGORAS	WOZNIAK
DA VINCI	GALILEO	LINNAEUS	ROENTGEN	WRIGHT

PUZZLE #85 - FESTIVALS

```
Q F W K Y X Y H D A G F O X J I F F H X P C J T H R C
E V P C H T I B I H X E U K R E V O S S A P N W K E E
D W Q I I I P U R I M I H Q T T T V L Z U S E E T F G L
K A S L N F T R H M A R A E N O G E J X M J E T H A E
A U L O E U I P O N Q R B A C M B V E I H N L J X T B
O O B R N O K E U K V O E O E J E E R I O S I U R T R
J J T F L G B K S A E G H V N D B R R I P M B F A A A
B F N W B Q K O N T A B G V Z A E C T F E O U O R U T
N E W Y E A R R N P A P A O Z M N I I N E T J L E S I
J M H J H Y P C A W O M L A Y I D Z E K P S R K U H O
K W A N Z A A A A N S O A Q I A T N A S M U T L N A N
G N I R E H T A G R L R E E R O B M A J Y C U O I V B
S T R E E T F A I R N M W T Y A O M L M Z U I R O U A
V K Y W Y W L Y D N A I E L L I T S A B S C E E N O C
W I M I L Y A C N J D U V K B S U B I R T H D A Y T C
V C L K S U S N I O A A A O A I A O S L I N W A F P H H
E O V Q U T T K H D M X Z R L R K U A U I B N L A K A
H V Z A H S L B S I A E H R P G O K N W O D E O H T N
N T E G V E S A K W R C R Z G I O K R C K W R Z K P A
A D I N X F E C J A I P K E N D C O U C B T E J G U L
C L A N T W M E Q L V U C Q C R O T T R Z B S A J T B
C O A C H E L L A I I C F E K A B M A L C X R D L H B
H A L L O W E E N R U P P I K M O Y S K R O W E R I F
```

BACCHANAL   CUSTOMS   HALLOWEEN   NAVRATRI   ROMP
BASTILLE   DIWALI   HANUKKAH   NEW YEAR   SATURNALIA
BAZAAR   EVENT   HOEDOWN   OBON   SERENADE
BIRTHDAY   EXHIBIT   HOLI   OKTOBERFEST   SHAVUOT
BONANZA   FEST   JAMBOREE   PAGEANT   SHINDIG
CARNIVAL   FETE   JOLLITY   PASSOVER   SOIREE
CELEBRATION   FIESTA   JUBILEE   PONGAL   SONGKRAN
CEREMONY   FIREWORKS   KWANZAA   PURIM   STREET FAIR
CHRISTMAS   FOLKLORE   LIGHTS   RAMADAN   SUKKOT
CLAMBAKE   FROLIC   LUAU   REGATTA   TRADITION
COACHELLA   GALA   MARDI GRAS   REUNION   VESAK
COOKOUT   GATHERING   MERRIMENT   REVEL   YOM KIPPUR

PUZZLE #86 – RUSSIAN REVOLUTION

```
J F G R H W V S C C R P L U B Y A N K A N I L A T S S
O N Y M O O E A T F O U E M N N Z W L I U P X D A J L
U S K C L T V L G R H O V A T M X J N R E B O T C O V
L U S I C A Q O K B U C P S S A D E O T C E P S O R P
R O T L O I N H A U Q G I C R A L K R O N S T A D T K
M U O Z V R V C C D L H G K O H N O I T U L O V E R A
P C R R Y A R I I Y C A S L W I G T N K V D G Q S I M
F Q T B T T I N L R V I K V E R A S S I M M O C R J E
M Y L B M E S S A W B O U Y A C T E I P A T I E V B N
T G M T I L I N C T A U U D O V M R Z S T E D A K T E
R H F L V O A W P E C R K N S S V B A A B G N H A I V
K X Y P D R D S O O W O S H I O D M R U P R I S I N G
P R B T X P J Z D N L T M L A X C C A T S A R I N A W
H U E X J B E J D I I I A I R R O I E K L B V S D M O
Y T R M S O V I E T S T T E N M I C A I H O Y B E A R
S A Y G L L A L U U I E D B E T A N T L R N D Q B R K
S G E U E I P E E P E G R D U L E O X I I M O E S X E
C T J E F R N Y A S U E N U A R V R K O K S F D Z I R
C H E K A T N C G A Q U K P A S O V N L J O M U Y S S
U Q E V C L X A R R N E V S K Y K S N E R E K M J M F
Z K D U O L L D O F Z K O R N I L O V Y R U G A V X J
O A F M M U B O L S H E V I K H N A F E B R U A R Y T
D V S M G Z I N O V I E V D Q M E N S H E V I K T H D
```

ANARCHIST
ASSEMBLY
BEDNIAK
BOLSHEVIK
BREST
BUKHARIN
CAPITALISM
CHEKA
CIVIL WAR
COMINTERN
COMMISSAR
CONSTITUENT

COUP
DEMOCRAT
DUMA
FEBRUARY
GULAG
IPATIEV
ISKRA
KADETS
KAMENEV
KERENSKY
KIROV
KORNILOV

KREMLIN
KRONSTADT
KULAK
LENIN
LITOVSK
LUBYANKA
MAKHNO
MARXISM
MENSHEVIK
MOSCOW
NEVSKY
NICHOLAS

NKVD
OCTOBER
PALACE
PEASANTS
PETROGRAD
POLITBURO
PRAVDA
PROLETARIAT
PROSPECT
PURGE
PUTILOV
RASPUTIN

RED GUARD
REVOLUTION
SMOLNY
SOCIALISM
SOVIETS
STALIN
STRUGGLE
TROTSKY
TSARINA
UPRISING
WORKERS
ZINOVIEV

PUZZLE #87 - INDIA

```
T V R M A B L U D H I A N A J I P H X R U B C V Y R H
L E I V I H L E D F S Z Q Q M M U U K Z T O G Q D F A
A N L N L Z F Y O N U X M C G O J D N S I E T Z A N Q
S A A A D D O H Y D E R A B A D A F R J D D F O A G Y
S G P S N H I R O J K D Y W J T T E K S A O G Y H L U
I A O O N G Y N A D E C C A N K E N A Y N B R P C R R
U L H M Z P A A R M G A Z F N G U S B A A U T Z S C
G A B A V O X N G T W K K U A G J P H L H L P A U H S
G N S S A Y A L A M I H F P B B W I M M A A G R E Y A
R D N A H K R A H J T G M I P H O O I O M N A N P A T
C O I M B A T O R E T E R A D Y N C R R C T N R A M P
S I K K I M A T I B P Y F J Q U K I N I N R A K I I U U
Y I N V R S R R P I A M N R O A C M A N I P U R O N R
H K Z S H M A B A N G A L O R E U P G T S A N U D A A
H R A P C V J W I X G Y S H T L L U F A A R U P I R T
A A Y V A F U Q E K E E S Q A C I H R Y N T N N S J O
N F R D E J G R B N G E F H I U U U V F A F A A H U B
H A O I P R O Y T N K V C V F O N R W R R J C K A S T
S G R L D D I U A I P A U B Q A O B R Y A E A R L S K
I L I M N W H G H H M N W I C N C K O Y V P K M W O Q
R R P I A C A S V I C S B H V H M U M B A I W L M X K
K L K R F D I R H U G A A A M E G H A L A Y A C I U E
N N O S R R A K E R A L A R R A J A S T H A N J P R E
```

AGRA	GANGES	JHARKHAND	MEGHALAYA	PUNJAB
ARUNACHAL	GOA	KANPUR	MIZORAM	RAJASTHAN
BANGALORE	GODAVARI	KASHMIR	MUMBAI	RISHIKESH
BHOPAL	GUJARAT	KAVERI	NAGALAND	SAMOSA
BIHAR	HARIDWAR	KERALA	NAGPUR	SATPURA
BIRYANI	HARYANA	KOLKATA	NARMADA	SIKKIM
CHENNAI	HIMACHAL	KRISHNA	NICOBAR	SURAT
CHUTNEY	HIMALAYAS	LASSI	ODISHA	TELANGANA
COIMBATORE	HYDERABAD	LUCKNOW	PANEER	TRIPURA
CURRY	INDORE	LUDHIANA	PATNA	VARANASI
DECCAN	JAIPUR	MAHANADI	PULAO	VINDHYA
DELHI	JAMMU	MANIPUR	PUNE	YAMUNA

PUZZLE #88 – FAMOUS AMERICANS

```
U H T G C C F Z M N Y E W E D O T P V Q I E G C G I Y
T U P N A Z O O H D N A M T I H W I L D E R O R I P B
S G R R W T E K E Y C D X G N Q O J M L A C U D R Y O
X H T K L O P N W X K H G G H I I U X U A B E E H S V
R E K N K V N B O S C A L Y F E S M Z T D H K K E L N
R S D U B E E N T Z M L P S Q I C R H N Q E S R G O K
L E P T K K O W S I N H N E A K X E A K N C E R T W F
D O A E Y X K W D D N O S L I W R S L N Z S S N A G T
I F V G I W F H S D N O S N I B O R A L I V I A M M H
T T D N A C A T N E G V L N T K P B D E I L A M A R O
A D A M S N P A I N L E B G H O R H R P C N Y B B X R
M O N R O E L L O Q Y R A A T O P D S S A L G U O D P
E R Z K C E L R P H E S T F O O J U I E H A V T L J E
T M D I V H T E T N S N I S Q U C O O L I D G E O Z A
O L E E T S N I G H P J E N A M U R T B U S J L P N A
P O L R M M F W J U M V I E C D I C K I N S O N A E R
A C H R S F A E K L E B R Q T L S C G H T M M N I A O
C L A M I O R L T L D O O B D N A J L J B B M Y G R N
E A T R N M N T T X H N M R E A W I I A W T M X E H W
W M G M G M V V Y V T O C D W Y V L F R L X Y Y Y N A W
X F L I N D B E R G H O O Q J U H D U N Q J X V O R F
W I L L I A M S M P W B V Z D I I Y O U N G E K N T B
B R U T H G G D Y J J Y B M E L V I L L E F Q A R F D M
```

AARON	DEMPSEY	HUGHES	NIXON	STOWE
ADAMS	DEWEY	JOHNSON	O'NEILL	TAFT
ALI	DICKINSON	KENNEDY	OBAMA	THOREAU
ARMSTRONG	DIMAGGIO	KNUTE	OWENS	THORPE
BANNEKER	DOUGLASS	LINDBERGH	PAIGE	TRUMAN
CAPOTE	DREISER	LOMBARDI	POLK	TUBMAN
CARTER	EARHART	MALCOLM	REAGAN	WELTY
CATHER	ELLINGTON	MARSHALL	ROBINSON	WHITMAN
CLEVELAND	EMERSON	MCKINLEY	ROOSEVELT	WILDER
CLINTON	GEHRIG	MELVILLE	RUTH	WILLIAMS
COBB	GRIFFITH	MONROE	SANDBURG	WILSON
COOLIDGE	HOOVER	MUSIAL	SINCLAIR	YOUNG

PUZZLE #89 - THE AMERICAS

```
G S D M L V Z R Z I M A M O N A Y B C R Z R X O C C O
Z U U S C Q L J T F L O B G L T U A Y A M S L E G O A
X P A U U W S A K C I H C M C U N T G R M T E N M R
F H A R Y D R Q R E R C M A Q H F I A Z E L B N K A A
M O C T A S F Y Y A E B Y F W J F W I C O W G W 2 N W
A P A W A N U F C T W M L L E K N A N T H B P A L C A
P I R M F G I C O H A P A R A P L U O C Y I C P C H K
U N A N G V O P J R Z B G E W G F S L D E H C O M E Z
C B L X V V A N A L T H B F O M I N O R E G C H S L Y
H M Z F A Z S V I J E U Q N E L A P G R P C K C E O J
E E N W A H S H S A S C P Q T Y Z V N O U U I E H H N I
B P S L M L L L U H H U I E C A O K T T O I P U X I X
K E V M A I I J S A I S P A H Z E K I C V G I I N M Y
I S O K U W S I S N R A E C A E F U Z C O P A N L E W
Q M I T W C O K X U N J B M I A N U N U S N P U Y S I
T T N F H U E Y I E X I A C N I C S I O U X G Z P C K
Y I Y Z Q U U T L T H N A V A J O M I X T E C J C H G
T P W O S C K B W C O S I A A Q L A I X B N U E X I A
A F R A R X I N G U U G Z G F N Y X A A B H T Y B M Q
M I S G N Q U I T O A M C Q U E C H U A E S H M F O H
N X K F W A T C O H C W J R G O X Y V C A Q M U C R C
Q L T O O F K C A L B Z B Z E Z X I F U T A S M M U T
Z S Q N S D Q U V T A D U J C E T F H K C R B G F O Y
```

ALGONQUIN	CHEROKEE	HOPI	MOHAWK	SHUAR
AMAZON	CHIBCHA	HUASTEC	NAVAJO	SIOUX
APACHE	CHICHEN	INCA	NAZCA	TAINO
ARAPAHO	CHICKASAW	INUIT	OLMEC	TECUMSEH
ARAWAK	CHIMOR	IROQUOIS	PALENQUE	TIKAL
AYMARA	CHOCTAW	LENAPE	PATAGONIA	TIWANAKU
AZTEC	COMANCHE	MAPUCHE	PAWNEE	TOLTEC
BANIWA	COPAN	MAYA	PIPIL	UROS
BEOTHUK	CREE	METIS	QUECHUA	XINGU
BLACKFOOT	CUZCO	MISKITO	QUITO	YANOMAMI
CARAL	GERONIMO	MIXTEC	SEMINOLE	ZAPOTEC
CARIB	GUARANI	MOCHE	SHAWNEE	ZUNI

PUZZLE #90 - POPULAR NAMES

```
A R K M H G M A T T H E W L G X G Z S O G A N I L Y S
N H C H D A U V L B A I I E A E D N C Z Z I N U J A T
S O P H I A R A L I M A C A B L K F A D R D K T I R E
A N T H O N Y P N N M Q H H R L L J R I W E E M K A L
O E N O R A S A E H E W E R I A L C L V T N J L P X L
L D W B E A L F M R L F T Q E Y R E E A T S E I L Y A
I Y W S C Y W I L L I A M K L A Y P T D Y V A H W I M
V A A U D A M E L I A F W S L X E O T A E N A B D K E
I J L S G V C Y S S G F C Y Y J R L E L Y J A A E A P
A Z O E Y X Z H M M I E K Z B K B E Y L I M E J I S K
A E D D R L J U R A B S J C U Q U N F L I R N P M P R
O A E W E D A B A I A Q G T E K A E E C S P O J I E Y
U F M U O G A R M C S J L H V A O P H N A M A T U I F
E A M N A T A L I E D T C A L R N A H T A N H A S O H
E A R F G X M R R J F Z I L Y C E D U Z C E F R Q Y R
S W A D D I S O N A H T E A T L H U A O O R F I R R U
B D Y T H O M A S A X B R J N C A L L N V E W A R T M
V R X A C J J X H V A D O U U N A I O Z I K E L X Y X
B N O A T K F P U S L T Z G J L V D C E L E T V A O J
K T K B O T E D I Z N C A N M E I R X X U S L Y U M X
P X D V E S X E R L P H E N R Y G A O E L I L L I A N
W O N D O R R Y W L R R K G N O M F N I T U A O R T M
Q O R J Z I T B M U Y I V I K R A A Y B F X N X I I R
```

ABIGAIL	DANIEL	HENRY	MATTHEW	ROBERT
ADDISON	DAVID	ISAAC	MIA	SAMUEL
AIDEN	DYLAN	ISABELLA	MICHAEL	SCARLETT
AMELIA	ELIJAH	JAYDEN	MILA	SEBASTIAN
ANTHONY	ELLA	JOSEPH	NATALIE	SKYLAR
ARIA	ELLIE	JULIAN	NATHAN	SOPHIA
AUBREY	EMILY	LAYLA	NOAH	STELLA
AVA	EMMA	LEAH	NORA	THOMAS
CAMILA	ETHAN	LIAM	OLIVER	WILLIAM
CHLOE	EVELYN	LILLIAN	OLIVIA	WYATT
CHRISTIAN	GABRIEL	LUCAS	PENELOPE	ZOE
CLAIRE	HARPER	LUKE	RILEY	ZOEY

PUZZLE #91 - AVIATION

```
I N B O M B E R H L A N D I N G R A K Q H J R A D A R
S Q U A D R O N A Q O I V X D E J U K T Y O E S V H J
V I C K E R S Y N X Y V F V I E M Z I C T R V T B U P
A I R S P E E D G I K F S N E F F W N A O G I U L A A
A I R S H I P H A Y O N R E A U P I V B Z X D K I A M
D O G F I G H T R E Y O H N L O H E A I V C L A M V H
T E R M I N A L K O D P O A S I L T A N M R L N P E A
K S N P O B F A Y D T Z D L H E B D X P T U E A L R V
L K O R X D T U O L I A B P W Y L E M E P M H L H I E
Z P E A P I Q X T R I M W I W K Y Y R P B R C E U F N
P Z E D R O C N O C H N J R R I E K A A N A O G V A G
Y A R Z L I Y H S Q O M Q T S T N C R Y T J D A T E E
A G R I E A N S N R K M F K J P P G A H E O B L C S R
K R M A W P E G D Y O U D O E L I D D N I X R E M H G
O U A N C L P U Y X A K C P K E K T O I L Y U S H I N
V X U D T H A E J U N K E R S K A U F A B E J U S F A
L R G N I C U W L W H U U F R N E Q F I I I Y F R L T
E Y U W Q O Y T U I C O C K P I T R I S R L P W U A S
V A W T O P N M E Z N G A X G E A R G U T E E L F P U
D C W T U R B O P R O P H H G H A O C H G D A H R A S M
Y I M O N O P L A N E T A X I W A Y T M G Y L M O N D
T R A N S M I T V I N D I C A T O R E E Z I P L D N E
R I J C O N T R O L H A M P D E N H R A V I A T O R N
```

AEROBAT	CAUDRON	FUSELAGE	MUSTANG	TAKEOFF
AILERON	COCKPIT	HAMPDEN	PARACHUTE	TAXIWAY
AIRSHIP	CONCORDE	HANGAR	RADAR	TERMINAL
AIRSPEED	CONTROL	HEINKEL	RADIO	TRANSMIT
APPROACH	DAUNTLESS	HELLCAT	RUNWAY	TRIPLANE
ARADO	DEFIANT	HELLDIVER	SEAFIRE	TURBOPROP
AVENGER	DOGFIGHT	HORIZON	SOARING	VICKERS
AVIATOR	DORNIER	ILYUSHIN	SOPWITH	VINDICATOR
BAILOUT	ELEVATOR	JUNKERS	SPITFIRE	WING
BIPLANE	FIGHTER	LANDING	SQUADRON	YAKOVLEV
BLIMP	FLAPS	LIBERATOR	STALL	ZEPPELIN
BOMBER	FOKKER	MONOPLANE	STUKA	ZERO

PUZZLE #92 – GERMAN CITIES

```
E R F U R T W I E S B A D E N K Z S D B N E W E R F D
H C A B D A L G D R E S D E N H L L W L R E N N R R U
G A I L H P C B K H A N O V E R E M B W M R U Y O E S
T F M K P A D E R B O R N I W F K M V I E B P S V I S
T R U B O R S K Q W R T L F E U T A E H W M O Q S B E
E T I A U B E M L Z O B E L R D R H R M O R I N X U L
Y S I E C R L U T M R Z E B A A Z Z B L J E N A N R D
T Q C R R H G E T O Y I D T A R N K B Q S R K S C G O
R O S T O C K R N L B M S X O R A K K U N R U P U D R
A Q Q C H S C N U Z I M L F V L X N F P R B U A K L F
G R U B S I U D N B R N P O R T T O B U T G P H D E M
T D Y V M G W N U A S W G H A G E N W T R L L G E F H
T F L B B R H S D F W F I E K Y J Z O G E T A E C E I
U R D W B E R A P X L T L N N C O C A V T D T W I R N
T O S N A B R Ü C K U G K O W F J K E W F X R D M K G
S O L I N G E N U N B E E A W E T R C Y P J E E U K O
X V E G P N O H N F E L L A H D K O F D F L P N N M L
S Y Z T I N M E H C C D A C T U L H G R B D P W I A S
M L S L E S S A K P K U E H S O Z R O E S Z U K C I T
G P R M P O T S D A M P N E G N A L R E V C W I H N A
A E E T P J Z R M I E H N N A M M G R U B S G U A Z D
B R M A G D E B U R G N E G N I T T O G B O C H U M T
B V V O O L D E N B U R G R E B M E R U N Q X E G R I
```

AACHEN	DARMSTADT	HAMBURG	KREFELD	PFORZHEIM
AUGSBURG	DRESDEN	HAMM	LEVERKUSEN	POTSDAM
BERGISCH	DUISBURG	HANOVER	LUBECK	REUTLINGEN
BERLIN	DUSSELDORF	HEIDELBERG	MAGDEBURG	ROSTOCK
BIELEFELD	ERFURT	HEILBRONN	MAINZ	SOLINGEN
BOCHUM	ERLANGEN	HERNE	MANNHEIM	STUTTGART
BONN	FRANKFURT	INGOLSTADT	MUNICH	TRIER
BOTTROP	FREIBURG	JENA	NEUSS	ULM
BREMEN	GLADBACH	KARLSRUHE	NUREMBERG	WIESBADEN
CHEMNITZ	GOTTINGEN	KASSEL	OLDENBURG	WOLFSBURG
COLOGNE	HAGEN	KIEL	OSNABRÜCK	WUPPERTAL
COTTBUS	HALLE	KOBLENZ	PADERBORN	WURZBURG

PUZZLE #93 – FARMING

```
X I B T S M N E D I C I T C E S N I Z A F O T N E B Y
S I L O J X G L I V E S T O C K L I G N I Z A R G E Z
W K X T B A S B B L B Y D J F Y R R B E P Z M B A A G
Q D A B N O I T A T O R R A W R O T C A R T I Q L N C
C G F I U U I Q L R L T Z E U N E H S T A O I M I S S
H L A E K C P A Q C N L H M O T S T C E S N I J S K F
R R V B E W K T X X K U A M Q Y U E G E P L U T E T T
D D S N A D S W O S W O Y K U R F X C S L X V A E O U
H K U H V R E A H Z Q P L N E L A U X E O K U R D P R
D L X C E F R R R E T N A L P H R B T E W X R A E R K
U D E P K A O O H W A G G C K I P J B G B U D B R I E
O F I U Z S R D W E H T E M T N B F J I Q I R L E C Y
V X I Z Y O L M D N R G H Y F D L S H K T P R E V E S
O P Y P A D W S C E G B K G R A F T E Z I S P W O Y B
A Q U A P O N I C S R C I P X I K G N G O B M M C J E
S N H E V R R E W S O C M C Y B A X S T A O G C Q H E
B W U Y L E U K B D P E O R I H N D Y F G L C Z J S H
A M C H D T E M D R H R A M G D E B Z A I A L R U T I
L W H E U U A A I I I I A Z B N E E L U T D Z I O E V
E Y E K N H P H U N P C R Y I I T U D T X Z A V T P E
R W U Y D Q I K F A A E K V E F N Q L A T H R M Q F S
F A L L O W O R R A F N O M I R Q E M T A Z Q E N A Q
C J H D J N Q N R T S B T C U L T I V A T O R G C B Q
```

AGRONOMY	BUD	FEEDER	INSECTS	ROTATION
APIARY	CATTLE	FLAX	LIVESTOCK	RUMINANT
AQUAPONICS	COMBINE	FODDER	MILLET	SEEDER
ARABLE	COVER	GEESE	OATS	SHEAR
BALER	CROPS	GOATS	PADDOCK	SILAGE
BARN	CULTIVATOR	GRAFT	PASTURE	SILO
BARROW	DAIRY	GRAZING	PIGS	SOW
BEANS	DRAINAGE	HAYLAGE	PLANTER	SPRAYER
BEEHIVE	DUCKS	HEMP	PLOW	TILLAGE
BIOSECURITY	EGGS	HENS	POULTRY	TRACTOR
BOVINE	FALLOW	HERBICIDE	RABBITS	TURKEYS
BUCKWHEAT	FARROW	INSECTICIDE	RICE	WEEDER

PUZZLE #94 - BASEBALL

```
R A L S P E L H L W E C Y I T G K W P O T S T R O H S
L E A G U E X O L X A E E M A F E F E S P K U H P T X
F P L T C R M P G S L U N M D E X N L L I O R Q S N
Y X L P C B F E D R O D K D T L K O N P I I M U W J R
S T A D I U M O E R O O K I E E D U A K K N D R V Z
R I B N W R B J U E S T M E L I R T N U B Y E E R Z
G H T O N S T A E L C P F N B F I F T G R O U N D E R
M J S C C R M Q U B N A L I C N H I U M I Z Q U B K K
U F A E O A U G F U S M H I E I T E O Q V H D V A C W
J Q F S D F T I R O L C K P T F E L G M G G J I S F A
X B T O N H R C D D T I L W O T L D U M P I R E E R E
Y E C A Y S D W H A N L M R K S E G D J R G K N R E E
R I G H T A D Z C E U F K X A W Y R N E K N O B U L T
C O U P P R L I A B R B A M F I K K D O E C B P N M E
X Z W Z Z E B P V N A T B H J N C I K L J B K B N E R
Y O C C L L A B E L K C U N K G L L O Y W B G J E T A
F T E G H C T G L O V E L C V S A T L A N O O B R A N
T A N H V A O A Q X C W J Z E E S T B A S E M A N M E
M I N M Z C N C U R V E U K T I T H Q I R K Z Q F N R
S K V N W Z X G V V C I I S A R Q R L R H S U Y Y J Y
B K T U L S C W E V X R V C G E S O B W C M G Q R W U
T C E R J R F R G U T E S I K S T W B O E T Y H K F O
F Z G W R L S S G S P F Q A S H B S E P G P X N J R D
```

BASEMAN	ERA	INFIELD	ROOKIE	STADIUM
BASERUNNER	FAME	JERSEY	ROSTER	STEAL
BULLPEN	FAN	KNUCKLEBALL	RUN	STOLEN
BUNT	FASTBALL	LEAGUE	SAFE	STRIKE
CATCH	FIRST	LEFT	SECOND	SWING
CATCHER	FORKBALL	LINE	SERIES	THIRD
CENTER	FOUL	OUT	SHORTSTOP	THROW
CHANGEUP	GLOVE	OUTFIELD	SINGLE	TIE
CLEATS	GROUNDER	PENNANT	SLIDE	TRIPLE
CURVE	HELMET	PLAYOFF	SLIDER	UMPIRE
DOUBLE	HIT	RBI	SLUG	VETERAN
DUGOUT	HOME	RIGHT	SPLITTER	WALK

PUZZLE #95 - CAPITALS OF THE WORLD

```
C F A I N K Y D S X H R A X A E N C G Q T I E I L K Z
A T R A K A J V U A N U N V U D O C N E K R U F G A P
R S P B Q P R L V V W G H A K M A B D T N A P O M L E B
A T O E L I M A A A M L E N W R S O I P E Y K V D U L
C O D R T G N W N R S K R I R G I S I L I B T Y U I J
A C G S S A E A A I H Y C C Q L L Q A H A P A C T M U
S K O I E X M V T S B O U O I E B M D N A V E R E Y B
F H R N R E B A I D R G S S H B S A I Z O T J J O C L
G O I G Y I R B B U J A X I Z T B P R A G U E L K B J
N L C A B B Y U R S Z I W A E A G D H N V S L A A A
P M A P N Z A K A H D T X R M N I C A C R O P A B N N
T X N O I C N U S A E N D A I N W N M I A Q S P U G A
V T Z R V O O K I N I A L J R E O O G V C N U A L K C
F K F E D W G V L B M S I G P I L O T W A K B Z B O H
D A B U J A L Q I E I E F L E V B P J E A L A E U K G
F U D N A M H T A K B B U D A P E S T B G T L E R N U
E H B S O F I A A G Z K H V T U R C F X O D G E A R K
Q P A L X N J D K S S E C T H C G T O G D G I Y T B A
N M T U I K E A I I T N E K H S A T O L S A G R V T V
I I P O V N B W R K E A G P L G Z B B Z O N R V B A A
S H K E Z W R A D P S G N M T A I P E I O M N B J H H
X T R S O U P U J B K I V A I K Y E R Y X X B Y N O V
U L T S J A Q I B Y E E A C U K X C P W H D J O J L X
```

ABUJA
AMSTERDAM
ASTANA
ASUNCION
BAKU
BANGKOK
BEIJING
BELGRADE
BELMOPAN
BERN
BISHKEK
BOGOTA

BRASILIA
BRATISLAVA
BRIDGETOWN
BUDAPEST
CANBERRA
CARACAS
COLOMBO
DHAKA
DUBLIN
DUSHANBE
HANOI
HAVANA

HELSINKI
ISLAMABAD
JAKARTA
KABUL
KATHMANDU
LA PAZ
LIMA
LISBON
LJUBLJANA
MADRID
MALE
MANAGUA

NASSAU
NICOSIA
OSLO
PARIS
PODGORICA
PRAGUE
PYONGYANG
REYKJAVIK
SANTIAGO
SEOUL
SINGAPORE
SOFIA

STOCKHOLM
SUCRE
SUVA
TAIPEI
TASHKENT
TBILISI
THIMPHU
VALLETTA
VIENNA
WARSAW
YEREVAN
ZAGREB

PUZZLE #96 – GOLF

```
P K H O R N L K B Y S D T R W X H N J N T Q F G H E M
M U M E H Z D S L H G U O R C M A G T F P U L L V D F
F E T H J B J M A A O F B O V Y Z P O P K G J G U N W
N E R E L I E F D M S F U E D P A L T U H O I R L M X
M A T I E J T J E A S R W L R E R X N S Y X Q W X S O
I M I G L G Z F S T S W R O Q M D N A H D A E D E M C
M R O M C L M L S E H A E H U N U C R J D G A L O V E
U T O V I D B O H U M A K E V I R D D A A W G Y I K S
L Y K N A H S P O R V V N G T P N T A L C G A W O P T
L Z K W J F A E T R Y B U D D S V C U U A W B R T R A
I W Y X V G I V E F I A B E I K P W Q W N D T Z I J N
G M E Y A D V D R A O U R W P C N O N D L S E X I J C
A F G M R S I F K D F A F D Q A A B T X Z G Y M N S E
N M O I X S P A V E N T B H A B E P N Z G G E T M X X
L W B R N D R H O C J H H Y X G R I K W B U A G K B Z
Q L L E E B A X F T B O U N D S E R F Y R A N G E L I
L B E O I G C N R L T C P F I X A L A F L C J M E D E
L R R E M R T B W C E U U K S M G N I P S P O T R X Q
G P J V P I I M P A E E J P L J F F R V Y N L I E P P
F J B O S P C P P P U S H L P F C O W R E S C U E M H
W J F F S H E W A U Z R A A I E V W A P M X X C H I P
E U U G I O O G M R T B P H B R D R Y Y V C W O T C J
U Q P E N A L T Y C I T W W G M U S P W E Q O H T G Y
```

AMATEUR	COURSE	HANDICAP	PAR	SHAFT
BACKSPIN	CUPPED	HAZARD	PENALTY	SHANK
BAG	DEADHAND	HEEL	PRACTICE	SHOT
BALLMARK	DIVOT	HOLE	PRO	STANCE
BERMUDA	DRIVE	IRON	PULL	STROKE
BIRDIE	DUFF	LAG	PUSH	SWEETSPOT
BLADES	FADE	LIE	PUTT	TEE
BOGEY	FAIRWAY	LINK	QUADRANT	TOPSPIN
BOUNDS	FLOP	LOFT	RANGE	WAGGLE
BUNKER	FORE	MEDAL	RELIEF	WEDGE
CADDY	GREENSIDE	METER	RESCUE	WHIFF
CHIP	GRIP	MULLIGAN	ROUGH	YARDAGE

PUZZLE #97 - ANCIENT EGYPT

```
A S C L K N T R V P V X S E S M A R F C E B H V I U T
Z N Z E U O E H A S K T U C W U Q X L D B A S G H S A
I E U F M O M K A N R A K C A S U E A R U S P S A U X
G G U B D B H S H Q R D X F E R Y R I O A T H B Q R D
K H J G I E K A I B U N Y N D M A E L S M E I S E Y S
K R A H T S E A N S E M E N M J Q B Y I E T N G Q P U
U S N P I Q S T T K B T H U A H O Z S R N T X P E A N
W H S A T H F E Z E H T M I B S I S I I I H W R D H P E
A E U T R R E J Z C N I A W E E T L E S O U T R C R T
P L J H E A C D H C G D R Y J R U Y M R T N D H U M A
E I Y O F B C A J L C R O O K P O O E N E T Z A O Y N
V O P N E A T W T E U Z V H V E F G A M P D K R T T E
Y P Z R N H Z Q N L T X C L Z H F R L M B N Z V R W H
X O W O O P T O L E M Y O S C K T B P Y E A I B A G K
N L P R S C K B A Y G R J A A D L M P O L E C H A
P I U L A C R O Z H Q F C O P X B D J Y L H M M C C B
C S C P Y K M X S D A T T O A J Y A Y E C N G A R P H
H B E S O M T U H T Z F E E X T D B Q K D D M P A D Q
V E I L J Y G X A A D L R N R X O S N E F E R U J T R
E Z R Z B B Q L B U C J D E U L S I M H O T E P B C E
W W U B T O R D T D E L T A W T I P Y R A M I D E U U
D I K S E U N E I P G P C Y K C V F D U M A C F F C K
H A T S H E P S U T D B T F F U L U E X F Y I A R Z A
```

ABYDOS	CLEOPATRA	HEDJET	MENKAURE	RAMSES
AFTERLIFE	CROOK	HELIOPOLIS	MUMMY	SCARAB
AKHENATEN	DELTA	HIEROGLYPH	NEFERTITI	SEKHMET
AKHET	DJED	HORUS	NEKHBET	SENET
AMENHOTEP	DJOSER	IMHOTEP	NEMES	SHABTI
ANKH	DUAT	ISIS	NOBLES	SNEFERU
ANUBIS	DYNASTY	KARNAK	NUBIA	SPHINX
ATEN	EMBALM	KHAFRE	OSIRIS	THOTH
BAST	FLAIL	KHEPRESH	PAPYRUS	THUTMOSE
BASTET	GIZA	KHUFU	PTOLEMY	TOMB
CANOPIC	HATHOR	LUXOR	PYRAMID	URAEUS
CARTOUCHE	HATSHEPSUT	MA'AT	RAH	WADJET

PUZZLE #98 - CAR PARTS

```
G P Y Q E S M N G S F B S K G P G R E L F F U M B W L
W G D S N H T C C Z H I S Z A A A I I T H U C P O K U
H E U B B R N A J U Q O S L S C B S B N A C A H D P G
E F N L I O I R B G Y R C Y K Z R D L U N F T A E T X
E T W M Z N O I N I P Q E K E E I C A T D N X U L L Z
L S U I D T J V F W L S V F T F A O D H L L O E L T E
X U P R O Q V K Y B R I T P F J M N E O E X B U N C V
V S K R T Q C K R E P E Z E A E E S K R E T R A T S A
A P O O H S N O D B E P R E E H Z O U N A I A S O E P
S E A R F U S N U O C E J I R R V L F E V B E G R P O
D N G K R N E Z P O N O O M F O I E S A V K G I R A R
I S W T E F A I F T T I N O I T I N G I A T T Q P E A
I I B S N Q Q H I A G J U V I A Y V G R B U M P E R T
X O C I T Y L A T A C H X F E N D A B T E R M C O E O
H N S A A W L S X I A P W B Q R Z A Y X O X O I M P R
G R I L L E O T A I L P I P E E T Y S T Y N H E Z I R
N B I S C M C A M S H A F T M T Z E O H D S I A L W Z
I I A S R D B X T Q A N T S Y L L M R E B G T A U Y H
R I V E K Y J O I T B V H P P A A R N S X O J Y H S Q
A O H N Q N A M M Y B H I Y P A D S F F G S A X C C T
E T A R B T R A I J W F H F M V E M H Y I P J R U O I
B R R A D K G N X X C G U U R P W P B W R O Q D I E
C S X H G S K G G V Q M T I P Z J V K X B U S U X L T
```

AIRBAG	CLUTCH	FUSE	MUFFLER	STABILIZER
ALTERNATOR	COIL	GASKET	NUT	STARTER
AXLE	CONDENSER	GEARBOX	PADS	STEERING
BAR	CONSOLE	GRILLE	PEDAL	STRUT
BEARING	CONVERTER	HANDLE	PINION	SUSPENSION
BLADE	CRANK	HARNESS	PUMP	TAILPIPE
BOOT	CV JOINT	HORN	RACK	THERMOSTAT
BRAKES	DASHBOARD	HUB	RIM	TIMING
BUMPER	DIFFERENTIAL	IGNITION	ROTOR	TIRE
CAMSHAFT	EVAPORATOR	LUG	SEATBELT	TRUNK
CATALYTIC	EXHAUST	MIRROR	SENSOR	WHEEL
CHAIN	FENDER	MOTOR	SHOCK	WIPER

PUZZLE #99 - FIRE ARMS

```
S B U F U Q B R F E J E C T O R H O L S T E R L H B C
M I A J O S C E O O P T I C S P K E F N K U L E Z A O
C K G L Y G A L R E M I R P R M K L O T S I P A E N N
Q L O H L R E O E R X G G O I P A I J O M Q Y D T D C
A H I R T I W A N W A S J D F S T O H S K C U B B O E
B U J P Z T S D D B R E E C H A G C H D X J G S U B L A
C L I C K E B T J D C R R L V N W E C P N B T M G I L
S U P P R E S S I T Y J M E I F G R E I T T H U S E E
U N H Q Y W P T I C N Z L L Q C X G R X S O G Z H R D
H M E R L M O L E W S E S J D O P I R T P X I Z E E P
A L R A T H E Z I W I N D A G E F Y O C C A S L L D Y
C A L W S U I M N N C V T V E L O C I T Y B N E L W N
C F W D R R D B P O K P N H O R K B C N N O W S D O Q
V D R A U G D N A H J I E U I C H A H U S L T I I P K
A I N C B Q A M B T J J N A S Y R Q A O M T S T R O R
B O C E X T R A C T O R H G T T C L M M W C K E K E N
U A O X P O R G Y D J S I T R A L V B M H L C D V N R
Y O C L O E O P E N S E S I R U R Y E A Z N J L Q Q E
I G W H B Y W C Y O B B D B U O Y G R J E B O P G D T
E B P I A M I I R E G G I R T P Y G E L G V J F U Q I
G P L M T Z N C O N E N N P O P E A I T E K S U M P C
W A T A C T I C A L E U O R O N E S D R C O U V H A L
C S E M I A U T O Q V Y D O J D R N M A G A Z I N E E
```

ACCURIZE	CARBINE	EXPANSION	OPEN	SHELL
AIM	CARRY	EXTRACTOR	OPTICS	SIGHT
BALLISTICS	CARTRIDGE	FIRING	PISTOL	SIGHTS
BANDOLIER	CHAMBER	FLASH	PLINKING	SILENCER
BIPOD	CLICK	FOREND	POWDER	SLING
BIRDSHOT	CLIP	HANDGUARD	PRIMER	SUPPRESS
BOLT	CONCEALED	HOLSTER	PROJECTILE	TACTICAL
BREECH	CROSSHAIR	LEAD	RECOIL	TARGET
BUCKSHOT	DISCHARGE	MAGAZINE	RELOAD	TRIGGER
BURST	DROP	MOUNT	RETICLE	TRIPOD
BUTTSTOCK	EJECTOR	MUSKET	REVOLVER	VELOCITY
CALIBER	ELEVATION	MUZZLE	SEMI-AUTO	WINDAGE

PUZZLE #100 - HOUSEHOLD

```
B F U L I H S H O W E R M M K R C H F E V O S K L T B
G U L Y V Q E S A V H L C I K L L A M P M Q H I O O S
K S E A T E H I N C Z C N W C C X Z C O N E C D O I H
L X W L S G C D V B L M Z F W R L B Y M A U S Z F L M
T C O O U K T O X D S C R E E N O O Z H S C K Y A E T
I J T C P A A F I S U C J J N W K W S D R Y E R H T L
P R I K F R M N W O O S D N I L B D A E P I L L O W P
B P V O C A P T C M I O T K A K E Y W V T S C R U B L
K L S Q O L C R B R O O M E T E Q P Q S E O R Y O B U
E N L M W J C E Q E U D R I R E H S A W U V D A U Z G
K U O W D P R N X H H M I B U S D D L E N O Q W S A J
L Y Q B Y Z W W T T M S T S C N U F T A W U J L V R C
D I S P E N S E R I D S S O Z G N S R E T H G I L D A
P L U N G E R W G E G K N H N E A C A Y B I Y U N O R
Q R Q B N A Q I T L T C S Q A P R R Z I O J U G R O P
U B O I P O U E P Y E O Y O H M E L O A P H M N O R E
Z O U Q U Y R D N U A L M T A G P T R L L E G I T E T
N F T D T G R G I K I C O E N P E O R W R A K N A N O
X E L Y E A L S B S C O U A R K I N O I O T I O I E P
R R E N I A R D F Q T L H A C B C R R N E E F R D T B
A P T N S X P E G D Y N K U O V R U G D L R V I A F L
Y X Y S Y N X C Z H P P B O P E N E R O S W S Y R O W
S D F F E B A T H T U B H K J B G Q V W T G V R W S F
```

BATHTUB	DISPENSER	KEY	PILLOW	SHAMPOO
BIN	DOOR	KNOB	PLUG	SHOWER
BLINDS	DRAIN	LAMP	PLUNGER	SOAP
BROOM	DRAINER	LAUNDRY	RADIATOR	SOFA
BUCKET	DRYER	LIGHTER	RAG	SOFTENER
CARPET	DUSTER	LOCK	RAZOR	THERMOS
CLOCK	FLASK	LOOFAH	REMOTE	TOILET
CLOSET	GLASS	MATCHES	RUG	TOOTHPASTE
COMB	HANGER	MICROWAVE	SCONCE	TOWEL
CURTAIN	HEATER	MOP	SCREEN	VASE
DETERGENT	IRONING	OPENER	SCREW	WASHER
DISH	JUG	OUTLET	SCRUB	WINDOW

PUZZLE #101 - NEW YORK

```
T N A S E V Y U T S J X T E F D X A F Y T N Z B R M C
P R C H I N A T O W N L A G Y I B S L N E E T R R A V
I G I L E D L E P O L S K R A P V A X T T N J O C N X
Z Y M B H P D P Y N T E P C E J T E A Q A A A A G H K
Z J K Q O I B A L S D W A G I I L T P Y C I W D B A T
A B X R S R V U I F C B D S E W S T R O D K O W R T A
M A H T O G O D L A A I E L T B H B B R I G T A O T M
X Z S N A A E U R Z R B T D A R S S A M T N K Y O A M
J E X I C S S N G Y U T Z G F O I U U R S O T I K N A
W S X O E H E F A H I S E K Z O G V I B O B S S L S N
V C F P I G Q B F L E L L I S A R B E H C S I O Y F Y
A O A N I U M I D T O W N J L K E D D R N M N K N H J
N R G E E O E L L I V K R O Y C R E M A R G A P A I K
D S K E J R B T I D S H B L A N R K H F U N T I X G X
E E N R I O V V Y A B S P I K S T Y A A F L Y R E B H J
R S J G M B B A I Y D H Y D T E V H R A L A A Y H L D
B E J C N V Q N E V A H T T O M S D L L R A T P O I U
I X E P M B U K G L M K R L R W R O E J Y T T B F N M
L R E L L E F E K C O R E G I T M N M M F G G I U E B
T Z F I Z Q Y E T G N D B J A U O N L V M K H M R S O
W A L L S T R E E T V W I M X X M G I U L I A N I O H
H O T D O G J X O B P K L R E P A R C S Y K S I H O N
W Q L J O R W P W C A A H A Q J G D G Y U X P T J P H
```

ASTORIA

BAGEL

BAY RIDGE

BEDFORD

BOROUGH

BROADWAY

BRONX

BROOKLYN

BRYANT

BUSHWICK

CARNEGIE

CHINATOWN

DELI

DUMBO

EAST RIVER

EASTSIDE

ELLIS

FIVE POINTS

FLATBUSH

FLATIRON

FLUSHING

GIULIANI

GOTHAM

GRAMERCY

GREENPOINT

HARLEM

HIGH LINE

HOTDOG

JACOBS

JFK

KIPS BAY

LAGUARDIA

LENOX

LIBERTY

LITTLE ITALY

MANHATTAN

MIDTOWN

MOMA

MOSES

MOTT HAVEN

NOMAD

NYPD

PARK SLOPE

PIZZA

QUEENS

RED HOOK

ROCKEFELLER

SCORSESE

SINATRA

SKYSCRAPER

STATEN

STUYVESANT

TAMMANY

TRIBECA

TRIBOROUGH

VANDERBILT

WALL STREET

WESTSIDE

YANKEE

YORKVILLE

SOLUTIONS

PUZZLE #1

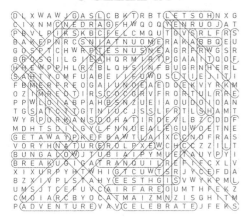

PUZZLE #2

PUZZLE #3

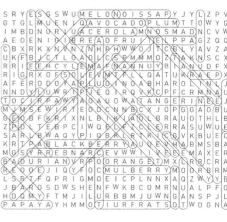

PUZZLE #4

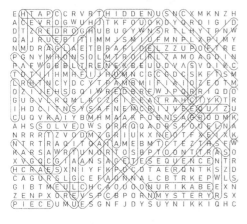

PUZZLE #5

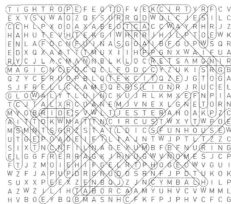

PUZZLE #6

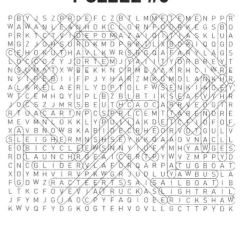

PUZZLE #7

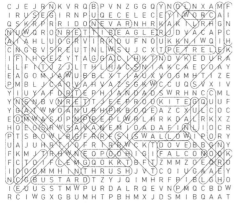

PUZZLE #8

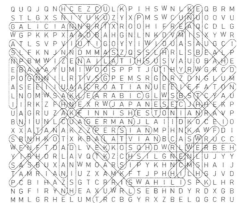

PUZZLE #9

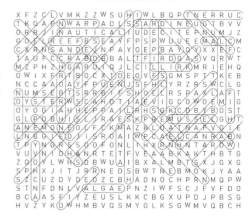

PUZZLE #10

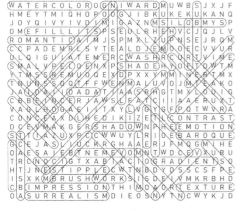

PUZZLE #11

PUZZLE #12

PUZZLE #13

PUZZLE #14

PUZZLE #15

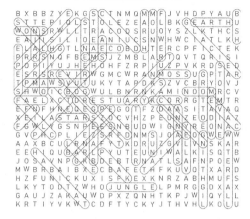

PUZZLE #16

PUZZLE #17

PUZZLE #18

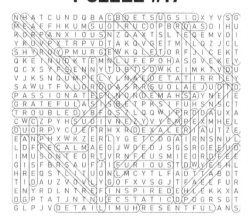

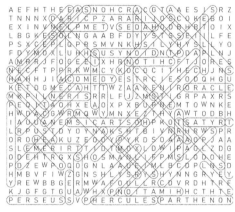

PUZZLE #19

PUZZLE #20

PUZZLE #21

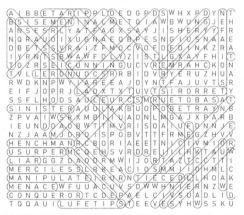

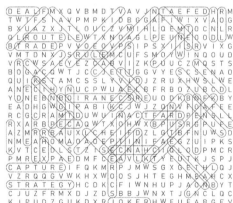

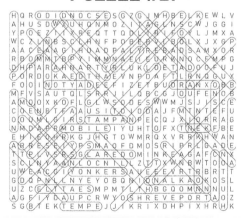

PUZZLE #22

PUZZLE #23

PUZZLE #24

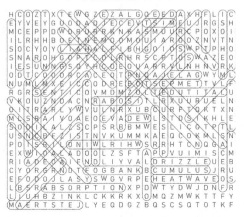

PUZZLE #25

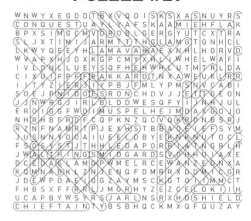

PUZZLE #26

PUZZLE #27

PUZZLE #28

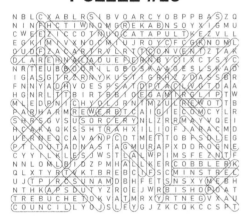

PUZZLE #29

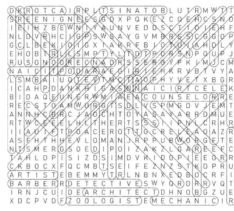

PUZZLE #30

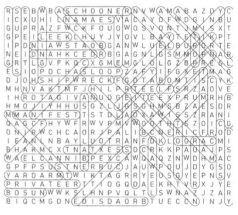

PUZZLE #31

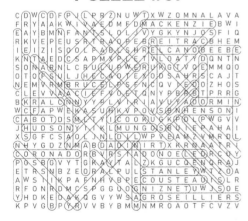

PUZZLE #32

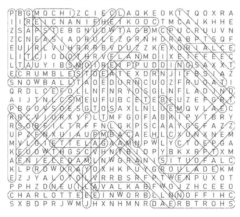

PUZZLE #33

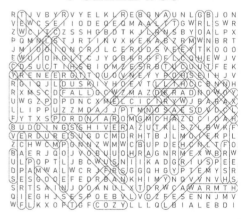

PUZZLE #34

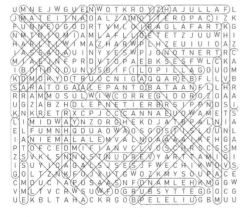

PUZZLE #35

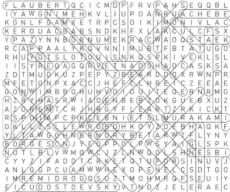

PUZZLE #36

PUZZLE #37

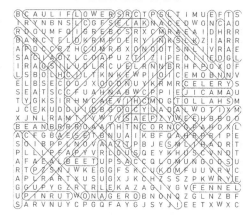

PUZZLE #38

PUZZLE #39

PUZZLE #40

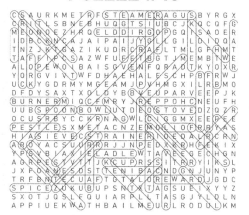

PUZZLE #41

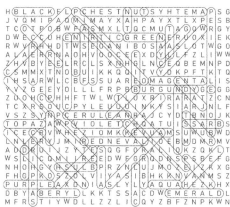

PUZZLE #42

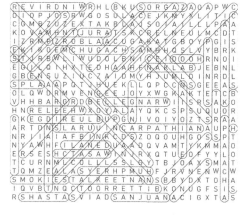

PUZZLE #43

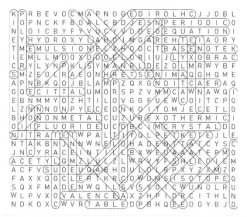

PUZZLE #44

PUZZLE #45

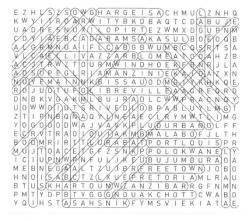

PUZZLE #46

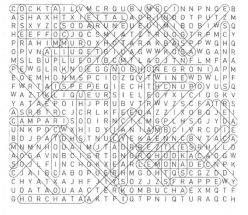

PUZZLE #47

PUZZLE #48

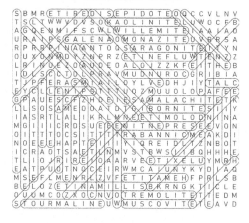

PUZZLE #49

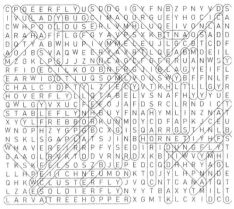

PUZZLE #50

PUZZLE #51

PUZZLE #52

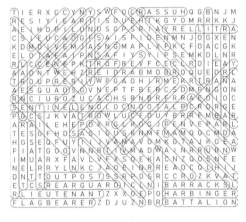

PUZZLE #53

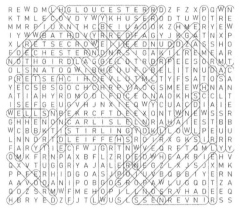

PUZZLE #54

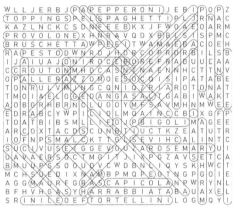

PUZZLE #55

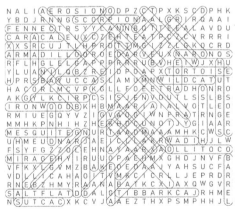

PUZZLE #56

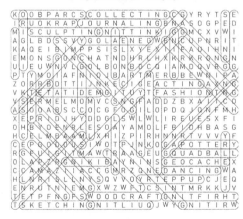

PUZZLE #57

PUZZLE #58

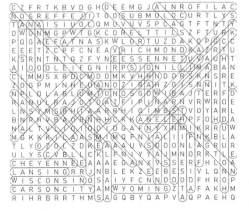

PUZZLE #59

PUZZLE #60

PUZZLE #61

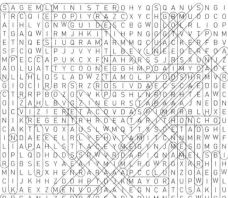

PUZZLE #62

PUZZLE #63

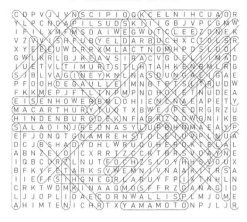

PUZZLE #64

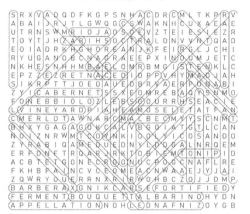

PUZZLE #65

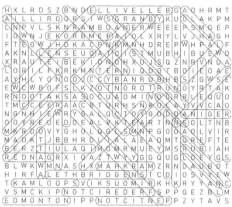

PUZZLE #66

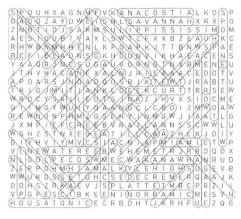

PUZZLE #67

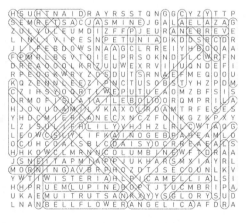

PUZZLE #68

PUZZLE #69

PUZZLE #70

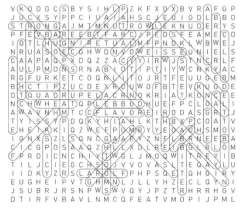

PUZZLE #71

PUZZLE #72

PUZZLE #73

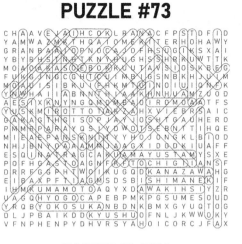

PUZZLE #74

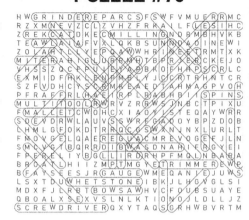

PUZZLE #75

PUZZLE #76

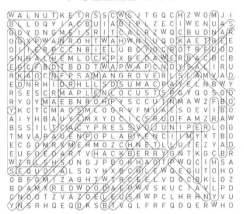

PUZZLE #77

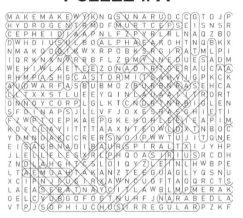

PUZZLE #78

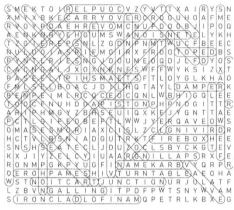

PUZZLE #79

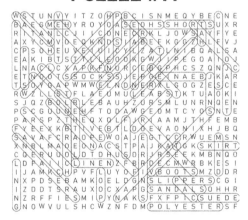

PUZZLE #80

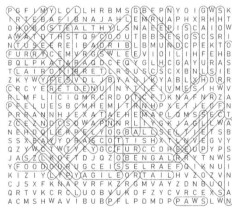

PUZZLE #81

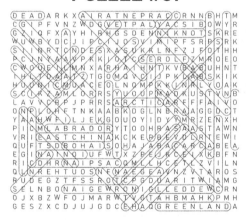

PUZZLE #82

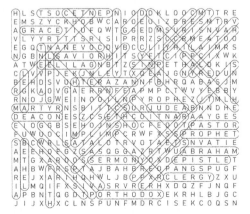

PUZZLE #83

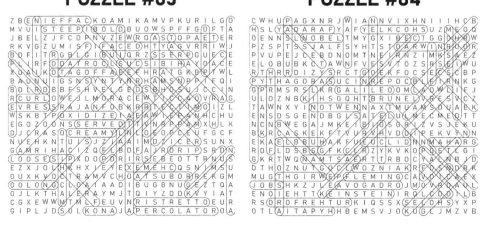

PUZZLE #84

PUZZLE #85

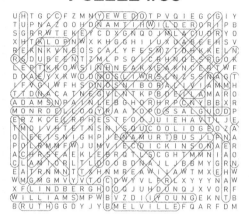

PUZZLE #86

PUZZLE #87

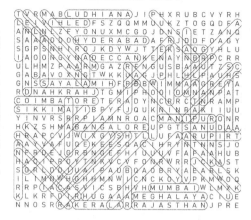

PUZZLE #88

PUZZLE #89

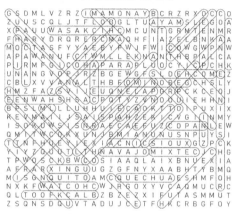

PUZZLE #90

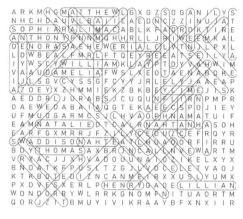

PUZZLE #91

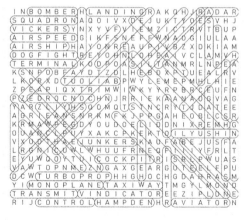

PUZZLE #92

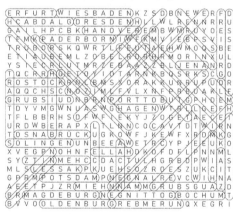

PUZZLE #93

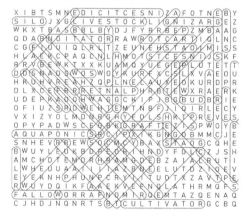

PUZZLE #94

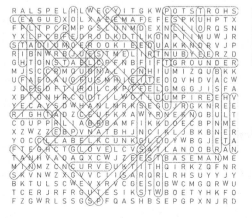

PUZZLE #95

PUZZLE #96

PUZZLE #97

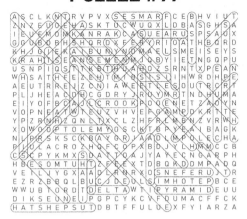

PUZZLE #98

PUZZLE #99

PUZZLE #100

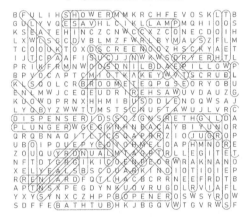

PUZZLE #101

Our work depends on your feedback.

Please share your opinion about this book on Amazon.

Made in the USA
Columbia, SC
16 August 2024

40495931R00063